U0121070

# 职场写作全书

## THE ONLY
## BUSINESS WRITING BOOK
## YOU'LL EVER NEED

## 完全写作指南 2

［美］劳拉·布朗————著

张丽丽————译

九州出版社
JIUZHOUPRESS

谨将此书，献给我的老师凯瑟琳·M. 罗斯女士

# 推荐序

我在上高中时爱上了精简写作。可这并不是英语文学课的功劳，而是因为我收到了《体育画报》作为生日礼物。在二十世纪七八十年代，《体育画报》杂志涌现了一批杰出的体育专栏作家，其中就包括丹·詹金斯（高校橄榄球和高尔夫球运动专栏）、安妮塔·弗斯霍斯（奥运体育项目专栏），以及我心中近五十年来最棒的人物传记作家弗兰克·德福特。

我一直在思考，我喜欢的那些作家为什么能写得那么好。为什么汤姆·沃尔夫的《太空英雄》写得如此扣人心弦，使读者仿佛亲临太空之境？为什么埃尔默·伦纳德、卡尔·希尔森以及约翰·桑福德小说中的人物对话那么真切？

后来我有幸和汤姆·沃尔夫共事过一次。作为未来主义杂志《福布斯科技版》的编辑，我邀请沃尔夫写一篇关于二十世纪九十年代互联网泡沫的五百词文章，他欣然应允。几个星期后的一个周六，我正好站在办公室的传真机（还记得传真机是什么吗？）旁边，随着机器启动的声音，一篇五十八页、三倍行距的文稿出现在我面前。那是沃尔夫写的初稿，整整九千词。

为什么要留三倍行距？我后来很快就明白了。

在接下来的几周里，沃尔夫对这篇文稿进行了多次修改，都给我发了过来。有些修改用的是打字机，看起来就像用透明胶带粘贴到了原稿上；而有些修改是手写的，出现了很多感叹号，甚至还有音符一样的奇怪字符。

那次与汤姆·沃尔夫的合作让我认识到，他是一位很优秀的作家，初稿就写得非常棒，这一点并不意外。但是他之所以能够成为我们所熟知的汤姆·沃尔夫，拥有无与伦比的非凡文笔，则是因为他对文字的打磨。修改是对文字精心打磨的艺术。汤姆·沃尔夫，这位伟大的美国散文作家，正是精心打磨文字的巨匠。

打磨文字的功夫如今被严重忽视了。很多人误以为优秀的作品完全源于天赋，而我想说的是，写出好文章三分凭天赋七分靠打磨。写作者有三个任务，那就是让

读者阅读、理解并最终记住你的文字。单纯拥有杰出的
文字打磨功夫就足以让你完成前两个任务，而读者是否
能够记住你，则取决于你写作的天赋、热情以及传达的
观点。但是，如果文字加工和打磨不到位，句式拖沓、
段落混乱、语无伦次，那么谁还会去在意你的热情和观
点呢？也只有你的猫咪了。

想要提升写作能力，让自己的文字被阅读、被理解、
被记住，我向大家推荐几本经典书籍，比如斯蒂芬·金
的《写作这回事：创作生涯回忆录》和乔治·奥威尔的
《我为什么要写作》。阅读这些经典能够帮助你让写作尽
可能地远离平淡乏味、空泛无力以及陈词滥调。还有一
种有效的方法，就是把你钟爱的作家的句子段落在键盘
上亲自打一遍。大量积累加上坚持写作，久而久之，你
就能拿到写作方面的学士学位了。

但你不能就此停下脚步，因为你要在写作上拿到硕
士学位才行。为此，我向大家强烈推荐劳拉·布朗的这
本书。天啊！每个人都需要读一读劳拉的这本书！如果
你认为这种干脆利落的文风已经过时，那是小觑了它。
世上最富有的人之一、亚马逊创始人杰夫·贝索斯每次
召开员工会议时，都要求员工先默读一遍他指定的当日
备忘录。你想成为撰写这个备忘录的人吗？你是否感觉

有一丝压力，想着如何才能让写出的东西清晰、可信且具说服力？那么，你的感觉是对的。

劳拉深刻地指出：所有商务写作都基于某种"请求"。你的请求可能是一场会面、一笔交易抑或招聘费用、解雇员工的法律援助等。不管是短信、电子邮件还是备忘录，任何形式的商务写作都是一种请求。商务活动成功与否就在于你是否能够让对方同意你的请求。由此可见，商务写作是一种高风险的写作。

不信你试试看。你可以随心所欲，让你的商务写作含混不清、平淡无力且充满陈词滥调。我几乎敢保证，你不会取得任何成果，也不会达到预期目标。学会如何正确地写作，从阅读这本书开始。

里奇·卡尔加德

福布斯传媒出版人和未来学家

《大器晚成》一书作者

# 前　言

在过去的三十多年里，经常会有客户让我推荐关于商务写作的好书。我写的第一本书《完全写作指南》篇幅将近六百页，涉及大量学校及日常生活中要用到的写作，很显然并不是他们想要的那种。我最终也没找到能让我真心推荐的商务写作书，那么就自己动手写一本吧。

目前市面上大多数的商务写作书籍都太厚、太学术、太过时了。许多书中还把电子邮件当作新鲜事物，很多文字读起来都像是大学里的英文教授写的，而不是真正坐在办公室中的职员写的。

商务写作在过去的几十年中经历了巨大变化，而且至今还在持续发展。与此同时，商务活动中写作的重要性也日益凸显。如今，工作中的写作比以往任何时候都要多。互联网的兴起、电子邮件和移动通信的热潮，再加上全球化以及虚拟团队运作，这些都意味着写作已经成为许多商务场合最主要的交流方式。如果你的写作水平一般，那么你成功的机会也会十分有限。

从事了三十年的商务写作教学与培训工作，我十分了解他们需要什么样的帮助，这一点我非常自信。但为保准确，我还是在网上做了关于商务写作的问卷调查，一共十个问题，主要内容是：他们在工作中都写些什么、商务写作最大的困难是什么、他们认为同事们最需要哪些方面的帮助和提升、能否找到一本实用的商务写作书。此次问卷调查从二〇一六年四月开始在我的客户和同事们当中展开，接着又被推广到脸书、推特和领英平台，最终收回有效问卷五百二十八份( 问卷内容可参阅附录 I )。这些答复为我提供了十分宝贵的资源和莫大的帮助，让我能够最终完成这本书，以便切实满足当今商务人士在实际工作中的写作需求。

我希望这本书能让你更加轻松地应对商务写作。如果你有任何反馈意见，可以写邮件发送到 laura@howtowriteanything.com，我定会洗耳恭听。

# 目　录

# 引　言

　　**本书旨在**帮助你提升商务写作效率、树立信心并全面掌握商务写作技能。在全书接下来的内容里，你将看到：

　　❖ 商务写作通用的**七步法则**。

　　你可以将此七步法则应用于工作中各种文书的写作，用起来非常容易。书中提供了一些范例，展示了各个步骤在实际应用写作中的效果。我已经将这七个步骤逐条整理好并列出一个写作步骤自查清单，便于你在写作中参考。

　　有些步骤也许你已经做得很好，有些则不然。你需要根据自身具体情况来分配花在每个步骤上的时间。我并不想要求大家必须通读全书并学习整个内容体系，而是希望在你需要的时候可以随时翻开这本书，及时有效地解决写作中遇到的问题。

❖ 各种**最常用的商务文书写作**指南，包括电子邮件、即时讯息以及演讲展示等。

书中针对如何成功写出这些商务文书给出了详细的建议，关于写不同类型的文书时如何运用以上七个步骤，也提供了专门的小技巧。

❖ 写作技巧、写作风格等方面的一些方便实用的**写作资源**。

你是否正在努力打破写作瓶颈？不记得如何准确使用逗号了？忘记了分号到底是何用途？总是搞不清 affect（影响）和 effect（效果）两个词的区别？类似种种问题，你都能在书中找到足够的解决办法。

这部分还包含一些写作语气、结构、格式编辑以及移动设备端写作等方面的内容，希望可以帮到你。

另外，书中还加入了很多来自不同领域的专家学者的文章。这些专家在文中提出了成功进行商务写作的深刻见解以及屡试不爽的有效方法。

本书强调真实商务环境中的实际应用性。我希望这本书能够为你有效解决写作困惑、突破写作瓶颈，让你的商务写作变得更加快速、更加高效。

## 致老师和学生们

想使用本书进行写作教学的老师们，可以访问我的网站 www.howtowriteanything.com 获取更多资源。学生们也可以在此网站找到并下载各种商务写作范本以及其他写作资料。

## 《完全写作指南》

有兴趣了解商务之外的写作指南的读者，可以关注我先前出版的一本书《完全写作指南》（诺顿出版社，二〇一四年）。全书有将近六百页，包含两百多个写作任务，是一本全面讲述写作方法的写作百科全书。书中对应每种写作文体都配有提纲模板、注意事项和标准范文，旨在帮助读者应对工作和生活中所有的写作场景和要求。

书中关于日常生活写作的部分教你如何撰写感谢信、道歉信、婚礼请柬、给老师的信、唁函、讣告等。学术写作部分包含了笔记和参考文献的基本写法，比较与对比类文章、实验报告和校内新闻写作等。书中还给出了一些学术场景下的书面沟通技巧，比如怎样通过电子邮件向导师或教授寻求推荐。

想了解更多此书内容，可以到我的网站 www.howtowriteanything.com 免费下载部分章节。

## 写，还是不写

> 应该有人写文章谈谈运用现代技术进行书面写作对人际关系的破坏性了。有时候电子邮件会被不当使用并且造成误解。电邮以及其他技术的滥用已经开始让我重拾电话了，我更愿意打电话或者与人当面沟通。
>
> ——引自一位调查受访者

首先，我想指出的是，书面写作并非总是商务沟通的最好途径。即便是非常好的写作也可能会降低沟通和决策的效率。不当的书面表达会造成诸多误会，考虑不周的文字表述还可能泄露机密，从而给你和公司都带来极大的风险。明智的做法是，在动笔之前充分考虑书面写作是否为当下最适宜的沟通方式。

下面这张图可以帮助你了解，打电话或者当面交谈是否比书面沟通更能有效地传达信息。一张图表并不能涵盖所有，还会有一些面谈比书面交流效果更好的场合，

比如你因故向对方道歉的时候。无论如何，你都可以先
从这里入手，做出正确的选择：写，抑或不写。

写，还是不写？

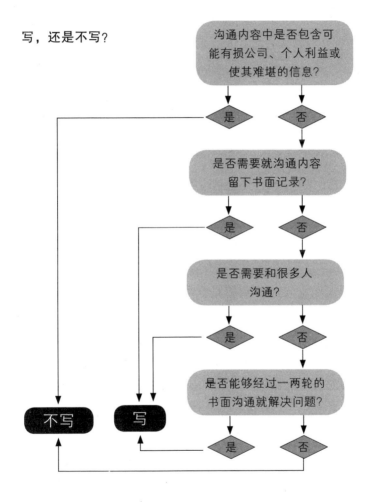

## 沟通专家给你的几点商务写作提示

在工作中对各种会谈和决策等信息做好书面记录是很有用的，但这同时也会给你个人和公司都带来一定的风险。新闻中这种事情屡见不鲜：在进行涉法调查时公司的商务邮件被泄露，最终导致公司的不当行为被曝光或使公司处于难堪的境地。沟通专家们都认为，谨慎处理书面文本很大程度上能避免这种负面信息传播、管制措施和法律问题。我们希望你也能同样谨慎。

有一个简单的办法可以帮你保护公司利益、避免严重后果。那就是在工作中无论写什么，落笔前先问一下自己："如果我写的东西被老板读了会怎样？""如果我写的东西上了《纽约时报》头版，我会有何感受？"如果问题的答案让你感觉有些不舒服，那就把你写的东西删掉吧，不如考虑当面沟通或者根本就不必沟通了。

有风险的写作内容范围很广泛，包括任何（哪怕只是看上去）非法或不道德的内容以及会给公司带来负面影响的内容。性别歧视或种族歧视言论、关于挪用公款或超额收费的玩笑话、针对你的同事和客户的侮辱性语言，这些都会给公司带来很大的麻烦。

另一点需要记住的是，在保护公司的同时，你也在保护自己。你在工作中撰写的电子邮件、短信、即时讯息都是属于公司所有的，公司可以未经你知晓或同意随时查阅。如果你写下的这些信息违反了法律、道德标准或者是公司政策，你很可能会丢了这份工作。

随着社交媒体的兴起，商务写作的范畴也比以往更加广阔了。即使你在社交媒体上发言时并未明确表示代表公司，但请记住，你发布的任何东西都会对公司产生一定的影响。发布信息时，考虑一下你的老板对此会怎么想。一些具有法务和风险管理部门的大公司，通常会针对员工个人使用社交媒体的问题制定相关的规范和准则，而且对员工的所作所为相当敏感。其实任何公司对你在网上的行为都是很在意的。听起来似乎不太公平，但事实是，无论你为哪个公司工作，你都有可能因为在社交媒体上的不当行为而被辞退。像宣扬暴力、言行粗鄙、发布色情内容或者侮辱谩骂他人等等，此类行为都会给公司带来负面影响，也会使你的工作岌岌可危。

记住你在工作中传达的任何信息都是公开的。牢记这些，能够使你和公司远离书面写作背后的潜在风险。

安妮塔·古普塔：德国邮政敦豪集团全球媒体关系主管，企业沟通与责任事业部美洲地区负责人。

## 你属于哪种类型的写作者

在三十年的写作教学和培训生涯中，我见过各种类型的写作者。完成一项写作任务有很多方法，但没有哪一种方法是唯一正确的。重要的是明白哪种方法对你最有效，然后去应用，而不是强迫自己对别人所述的方法照搬照抄。

依我看，大部分写作者可归为两种类型：**规划型**和**校订型**。

规划型的写作者倾向于在落笔前对写作过程进行整体筹划——组织内容、勾画提纲。而校订型的写作者更愿意即刻落笔，一气呵成，写完后再进行修订和整理。当然，大多数人在写作过程中都或多或少兼顾两种类型，但还是会有自己比较青睐的方法。我本人属于第二种类型，我更倾向于完成初稿后再进行后期的修改和润色。经过很多年的时间，我才摸索出这种写作方法最适合我，也并不会因为没有事先列出提纲而影响写作效果。所以尽管使用自己最喜欢的写作方法，用哪种类型都没有关系。

如果你以前从来没有想过这个问题，或者你不是很确定到底哪种方式适合自己，现在应该好好考虑一下了。在写作过程中，你的自我认知越清晰，越能快速有效地完成写作任务。

# 写作七步法则

在这部分里，我们将探讨适用于所有写作类型的七步法则。你以前也许看到过很多类似下文中展示的写作步骤列表，用以组织和描述写作过程的有效方法也有很多，而这个七步法则是我做了三十年写作教学和培训工作经验的总结和提炼，我认为是十分全面的。遵循这七个步骤，你就能顺利完成任何写作任务。当然在实际的写作中，你可以根据具体的要求对其进行适当调整和"剪裁"。

通览这些步骤，你会发现它们是统一的、相互联系的。当你掌握了其中某一个步骤，很可能在不经意间也达到了其他步骤的要求。比如，当你真正理解了第一步"明确写作意图"，你会发现文章的开篇自然就变得非常明确而有力（第三步）。当你认真考虑如何针对读者去写作（第二步），你对写作内容的选择也就更加具有针对性（第五步）。

七步法则的最终目的不是要求你在以后的写作过程中严格刻板地遵循每一个步骤，而是希望能够借此提高写作效率、提升写作效果。认真掌握这些步骤对你的写作会很有帮助。你可以按照自己的方式来使用，可以依照顺序来，也可以统观全局从而挑出适合你的步骤加以利用，根据个人需要进行取舍。总之，掌握这些步骤会帮助你提升整个写作的质量，让你成为更优秀更自信的写作者。

## 写作七步法则——通向商务写作成功之路

### 1. 明确写作意图

你自己一定要明白为什么而写，要达到何种写作目标。

### 2. 针对读者而写

重点考虑读者的需求和期望，而不是只关注你自己的想法。你的写作是要吸引读者的注意力。

### 3. 开篇明确有力

写好开头，让读者了解你的写作意图，吸引他们继续往下读。

### 4. 文字简洁明了

用最简洁的文字有效表述你的观点。

### 5. 内容补漏删冗

对写作内容进行全面快速的检查，确保满足读者所需而又无多余和累赘。

### 6. 语言通俗易懂

行话术语总会不经意地在写作中出现。运用通俗易懂的语言会成为一大亮点。

### 7. 及时检查修正

如果你写的东西读起来总感觉哪里不对劲，那也许是真的有问题。在这种情况下，先不要急于发出去，花点儿时间检查一下问题所在，然后进行及时的修正。

## 第一步：明确写作意图

如果想让我回复你的电子邮件，那么你必须明确告诉我你的目的和需求，而且要及时告诉我。我没有时间慢慢揣度你到底要我做什么。

——引自一位调查受访者

　　无论何种场合下，你写的东西都是在向读者发出要求或请求。它可能会很直接——"请这样做"或者"请把那个发给我"，也可能仅仅是要求对方去关注你写的内容，就像是"请您阅读此信息，望您了解"。

　　这种写作意图在文字表达上可能会开门见山，也可能洋洋洒洒地写上好多页。典型的就是商务计划书，这种文书长篇大论，而最终的意图就是"请向我们的企业投资"这样一个请求。或者是一封主动发出的电子邮件，意图是想与对方就某件事进行商讨，比如要求更改办事流程或者雇用一位新员工。

　　有些商务文书的写作意图是很含蓄的，比如一个公司就其所做研究和开发项目发布的白皮书。白皮书里并未明确表达希望对方和公司合作的愿望，但如果写得好，它定会迎合阅读者的期望并且激起对方进一步了解的兴趣。在商业世界里，很多商务意图都是隐含在知识分享和思想领导力之中的。

　　你的写作目的也许是要对方马上行动，也许是要对方考虑在将来采取行动，抑或只是要引起对方的关注。无论是哪种情况，你与对方沟通的有效途径都是让其了解你的目的和意图，这也正是你在写作中需要做的——**明确写作意图**。

明确写作意图，首先就是要在心中明确你到底想从对方那里得到什么。这听起来容易，但实际做起来并没有那么简单。回想一下，曾经有多少次你读到一封冗长的电子邮件然后默默发问："你到底想从我这里要什么？"甚至你把自己的邮件发出后回过头来重读，却略感难堪地发现自己的意图似乎根本没有表达清楚。

你根本没有完全明白或者至少不是很清楚自己想要什么，这很可笑吧？但事实上这种情况却是超乎想象地经常发生。

让我们来看几个例子。

卢克的公司已经准备好要和莎克公司签订一份三年期的合同。那天晚上，接到莎克公司最后一个电话后，卢克感到非常不安。因此他给团队发了一封电子邮件：

> 我对莎克公司的最新版合同还是有些担心。我们已经在电话里谈了这个问题，但我对合同的签署流程还是不太确定。合同第三年的要求条款不是很明确——如果第三年的要求和前两年不一样，将会增加潜在成本或者迫使我们到时重新谈判。我们马上就要签协议了，在此之前我认为还是有几个问题

需要再确认一下。

卢克

卢克明确表达了他的担忧，但是这封邮件看上去更像是他在向团队陈述想法，而没有提出任何具体的建议。卢克到底想要收到邮件的人做什么？他自己此刻明白吗？

现在假想卢克重读了一下邮件初稿，仔细考虑了他真正的写作意图，然后做了一些修改。

我们很快就要和莎克公司签署协议了。不过我建议在签署之前，需要明确以下两个问题：

» 合同的签署流程到底是怎样的？（我们就这个问题已经在电话中讨论了，但仍没有解决。）

» 合同里第三年的具体要求是什么？

如果我们现在不把这些问题弄清楚，日后可能会付出昂贵的代价。因此我们要把这些列入下次的电话谈判计划中，争取解决这些问题。

卢克

以上两封邮件的内容几乎是一样的，但是第二稿中卢克明确了他的真正意图：他想暂缓合同的签订，继续和莎克公司商讨，解决两个悬而未决的问题。整个团队明确了他的立场，而且卢克也提出了具体的建议，这样大家就可以高效地解决问题了。

当然有时候或许是出于政治等方面的原因，你可能不想像卢克在第二稿中那样直接表达自己的想法。举例来说，如果你觉得你的提议可能不会受大家欢迎和认可，这时候你就不要那么直接，要尽量委婉一些。在沟通中无论你选择直接还是间接，都应该根据具体情况斟酌而定，而不是随性而为。

我们经常急匆匆地把电子邮件发出去，根本没有仔细考虑——我们认为意图表达清楚了，但事实是这样吗？如果你自己都不明确你想表达什么，那邮件很难让对方明白你的真实意图。你的邮件内容就会主次不分、偏离正题，最终不知所云。

很多商务沟通并不像卢克的邮件那样事关重大。多数情况只是为了传达某种信息。即便如此，你还是希望对方能够真正读懂你的意思，而这就需要你在写作之前明确写作意图。

让我们再来看个例子。在这个例子中，哈什塔给她的老板琳恩写信，讲她认为对公司团队很有意义的研习班的事情。

> 琳恩，你好！
>
> 我昨天和莱恩·科恩共进了午餐。我不知道你是否知晓其人，他曾在公司里担任视觉传播总监二十多年，目前仍在开设关于视觉设计、图表运用、演讲展示的研习班。我把他发给我的一些材料放在附件里了。希望最近能够找个时间和你谈谈研习班的事。
>
> 谢谢。
>
> 　　　　　　　　　　　　　哈什塔

你觉得琳恩会打开这些附件吗？我觉得不会。她可能只是想想，却永远都不会打开看。哈什塔匆匆地发出了这封邮件，根本没有认真考虑她想要的结果。如果哈什塔真的想让琳恩去仔细阅读这些信息，她就应该依照心中的写作意图去斟酌修改这封信的内容：

> 琳恩，你好！
>
> 我昨天和莱恩·科恩共进了午餐。我不知道你

是否知晓其人，他曾在公司里担任视觉传播总监二十多年，目前仍在开设关于视觉设计、图表运用、演讲展示的研习班。我把他发给我的一些材料放在附件里了。我觉得那个"演讲沟通"的研习班不错，对我们会很有帮助。希望找时间和你谈谈。

　　谢谢。

哈什塔

　　修改后的邮件定能激起琳恩的兴趣，她更有可能去仔细阅读附件信息。现在，让我们再进一步，哈什塔觉得公司团队能够参加研习班是件好事，所以她的写作意图由最初的分享信息变成了尝试说服琳恩考虑参加研习班。（请注意，我这里说的是说服她去考虑此事。说服她答应此事，还为时尚早。你对每一次沟通的意图了解得越准确，沟通的成功率就越高。）

**琳恩，你好！**

　　让我们的团队参加一些演讲培训，你觉得如何？有一个研习班我觉得会很有帮助，我发了一些相关信息在附件里，请查收。就此，我想和你谈谈。

　　我昨天和莱恩·科恩共进了午餐。我不知道你是否知晓其人，他曾在公司里担任视觉传播总监二十多年，目前仍在开设关于视觉设计、图表运用、演讲展示的研习班。

我觉得他开设的"演讲沟通"研习班很适合我们。我们团队中很多人都不是从销售公司做起来的，因此缺乏一些应有的基础性训练（这其中就包括我自己）。我认为这对我们的销售团队尤其有用。随着公司的壮大，我们希望每位员工都能够自如地沟通和展示自己。可否在下周拨冗抽出半个小时，我们来具体探讨一下此事？

谢谢。

哈什塔

上面这一稿邮件，哈什塔已经非常清晰地知道自己想要什么了，那就是让琳恩对研习班的资料产生兴趣，并且开始讨论是否要聘请莱恩对团队进行培训。哈什塔是如何做到的呢？她在邮件开篇就向琳恩抛出一个问题——琳恩也就明白自己要对此给出答复和决策，而不是只接收个信息而已。哈什塔这次采用了更加主动热情的口吻。她还提出了十分明确的建议（我觉得他开设的"演讲沟通"研习班很适合我们），并且给出了充分的理由(指出目前团队缺乏这种沟通展示技巧，而公司的快速成长正需要大家具备这种能力)。

由此可以看出，花点儿时间去明确你的写作意图然后再落笔，你的语言表达会有很大不同，由此也会产生意想不到的写作效果。

## 如何明确写作意图

大多数人在进行商务写作的时候都苦于时间仓促而没有足够的机会去斟酌思考。但事实上你只需要不到一分钟的时间停下来去想想，你希望从读者那里得到什么，然后怀揣着这个目的动笔写作。试想一下，你可能浪费了很多时间去焦灼地等待迟迟未到的回复，也可能花了更多时间去分析整理由于写作意图模糊而带来的混乱局面。相较于这些，更值得做的是，在点击发送键之前花上一分钟把自己邮件的写作意图搞清楚。

如果你是**规划型**的写作者，喜欢在动笔之前组织内容草拟提纲，不妨试试下面这个小技巧。试问自己：

我写这个是因为 ＿＿＿＿＿＿＿＿。

我想让我的读者 ＿＿＿＿＿＿＿＿。

将上面两句话补充完整，越具体越好。填空时不要太草率，要考虑周全，真正去思考你到底希望对方读完之后为你做些什么。这看上去很无聊，但是你会惊奇地发现，这个小小的技巧会让你笔下传达的信息更加简洁、清晰、准确、有效。

如果你是**校订型**的写作者，初稿已经写作完成，这时不妨停下来，先不要急于将邮件发送出去。试问自己：

我写这封信的目的何在？

我想要我的读者做什么？

如果你不能回答这些问题，或者你的答案并不是很明确，花点儿时间认真思考一下吧。然后试着站在读者的角度，问自己：

我的写作意图对方能明白吗？

如果答案是否定的，回去重新修改你写的东西吧。这个过程通常涉及重写文章开头（我们将在第三步"开篇明确有力"那部分进行详解）、删减内容以及重组框架等等。

**小结：明确写作意图**

❖ 在落笔或完稿之前，花几分钟思考一下："我写这个想要得到什么样的结果？我想要我的读者做什么？"

❖ 然后反问一下自己："我真正让读者明白我的写作意图了吗？"

❖ 站在读者的角度通览全稿，看看写作意图是否明确。读者会明白吗？

❖ 对全文进行斟酌和修改，让读者清楚你想要什么、你为何想要以及他应该怎样做。

下一步，我们将认真研究一下你的读者，重点去了解对方的需求，看看如何用你写的东西抓住对方的注意力。

**请同事帮忙**

如果你正在撰写很重要的文书或信件，可以考虑请你的同事帮忙。找一个你比较信任的同事，请他通读你的文稿然后给出评价和意见。通过他人的眼睛可以帮助你识别文章还有哪些不足和遗漏。当你让同事阅读文稿时，一定要请他关注你希望得到帮助的地方：这篇文章有没有说服力、篇幅是否太长、是否需要进一步详述、写作口吻是否合适，等等。如果你只是把文稿扔给对方，那么对方匆匆看完，可能给的反馈对你没有任何用处。每个人都很愿意帮忙（每个人也都想展现自己的才智），你得到的评论可能比你需要的要多，而同事给你的反馈很有可能并不是你想要的。因此最好的做法是，针对文稿向对方问一些具体的问题，这样可以节省双方的时间。不要忘了提醒对方，必要的时候你也可以帮他阅稿。在工作中有这样可信赖的搭档随时相互帮忙审稿是非常棒的事。

## 提出解决方案

你想提升自己的写作水平吗？你想成为一个更好的同事吗？如果你写的内容是对某个问题的讨论，而你又不确定该如何解决这个问题，这时不要只凭主观臆测，也不要把问题转嫁给他人。你应该做的是：提出问题的解决方案。

如何应用这种写作策略取决于一系列可变因素：你所在公司的文化、你的职位、对方的职位和角色等等。提出解决方案很大程度上就意味着要求对方据此采取具体行动，或者是向对方展示你的观点。无论是哪一种情况，你都要为你的读者提供一种行动建议，而不是仅仅指出问题或者把问题抛给别人。这种方式能够帮助大家更高效地解决问题。

## 如何利用口述方式进行写作

很多人都很惧怕写作，但我从来没有。我想告诉你们为何我不怕写作，那是因为我已经学会了如何利用口述方式进行写作。

我手上经常有一大堆事情同时在做，包括撰写新书之类。坦诚地讲，我觉得写书的过程是很痛苦很折磨人的。写书的工作量很大。但我很喜欢讲故事，很喜欢谈论自己的想法。由此我找到了一个方法，利用我的这个特长去完成写作。有人向我提问，并且提的都是非常棒的问题，我便和他坐下来，他问我答。在回答的过程中，我把写作内容全部陈述出来，完成了口头的写作。下一步就是把这些内容转录成文字，和搭档一起对其进行整理加工，使之顺理成章。

如果你惧怕笔头写作，这种方法尤其适合你。当你想写一些东西但不知从何下笔，或者你根本就不想动笔去写的时候，找个你比较信赖的同事，对着他把想写的东西说出来。让他向你提问，你去回答。让这种交谈自然流畅地进行下去，你的写作内容也就从口中娓娓道出了。在这当中，你可以记些笔记，但不要因此干扰或阻碍整个谈话过程。记笔记的时候，最好是简单记下一些比较好的关键词，而不是尝试记录下每一个细节。这样做主要是为了让你的思维流畅不间断。

利用口头而非笔头进行创作的方式早在很多年前就被公司高管们经常使用。他们对着留声机把想写的书信或文件的内容通过语音录下来，或者直接口述给速记秘书。他们相信秘书会把内容准确地转录成文本，并且能够纠正其中的口误。

当然我们大多数人都没有助手帮助我们整理口述，但还是可以把这种口述写作方式当成一种习惯。找个你信任的同事作为搭档，互相帮助，在写东西时相互倾听和提问，协助对方完成写作任务。最后你会发现，根本不用动笔，你的写作过程却变得异常轻松。

乔尔·科姆：《纽约时报》畅销作家，职业专题演讲人，社交媒体营销战略师，视频直播专家，技术专家，品牌影响力专家，未来主义者。

## 第二步：针对读者而写

> 不同类型的写作面对着不同的读者，写作目的
> 也各不相同。可很多时候人们却忘记了真正的读者
> 是谁，丧失了写作的针对性，就像这位读者根本不
> 存在一样。
>
> ——引自一位调查受访者

了解和明确你的意图只是有效沟通的一半，而另外一半就是你的沟通对象亦即读者。如果你的意图表达得足够明确，那么对方应该能够明白你想要他做什么。剩下的就是如何说服他去做了。为此，你的写作必须要**针对读者**，为其量身而作。

你会惊奇地发现，写作的时候是很容易把读者抛在脑后的。如果只是发送一封简短的邮件，你可能还会很在意你的读者，因为电子邮件更像是在与对方交谈。但是随着写作的篇幅越来越长，内容越来越复杂，就很有可能逐渐忽视你的读者。你需要组织大量的写作内容，或许时间还很紧迫，这时就很容易过分关注自己想说什么而不是读者想听什么，或者竭力去描述诸多复杂的信息，把你得到的信息一股脑儿全写上去，一点儿也不想

落下。尤其是当你参与了调研或者收集信息的过程，就想把所有东西都写上去，不管你的读者需不需要。

无论你是构思全文还是撰写初稿，很重要的一点是，要考虑到读者的观点和想法。每个读者都有其独到的见解。你对他们的想法了解得越深入，你们之间的沟通才会越成功。了解对方的观点和想法，你需要考虑以下三个要素：

❖ **关系**。你和读者是什么关系？他是你的老板？或是客户？还是下属？他对你言听计从还是你需要说服他才行？

❖ **信息**。关于你写的这件事，对方了解多少？你需要提供多少信息给他？他还需要得到多少信息才能按照你说的去做？

❖ **态度**。读者对你写给他的东西会有什么想法？他会很有热情？会很谨慎？会抵触？还是漠然视之？他会有何期许？他会有何看法？

这三个要素经常是相互交织的，但分别考虑每个要素能够使你更好地理解它们各自的作用。让我们通过例子来分别看看这几个要素是如何影响你的写作效果的。

## 关系

你与读者的关系将会决定你的写作内容及表达方式。我们来看一个例子。

马赛厄斯在一家 IT 咨询公司工作。最近他有一些担忧，感觉客户对他有所隐瞒。为了解决这个问题，他分别给自己的老板谢丽以及客户联络人里奇写了两封邮件。

谢丽，你好！

我遇到了一点儿问题，是关于公司的销售团队的。我觉得里奇在向我们隐瞒一些交易信息。我怀疑有些交易的利润空间没有期望中那么大。由于监管不力，他们可以刻意隐瞒这些交易。没有完整的信息，我们没有办法进行全面的分析；没有正确的数据，我们提出的建议也会有失水准。这件事我会继续跟进，有任何进展会及时向你汇报。

马赛厄斯

与此同时，马赛厄斯也给客户联络人里奇写信谈了这件事：

里奇，你好！

　　我昨晚重新看了一下公司所有的交易数据，发现有些交易没有记录在案。虽然我们主要是想看总体情况，单笔交易的细节并不是重点，但是数据还是要有的。麻烦你帮我找一下莫顿和巨鹿这两笔交易的数据。如果有需要，我们可以在电话里谈。

　　谢谢。

马赛厄斯

　　马赛厄斯要应对这两位沟通对象的需求，必须掌握好分寸。对他的老板谢丽，他可以直言不讳地说出他的怀疑，那就是客户那边有人在隐瞒数据自保。同时他必须站在谢丽的角度告诉她这种情况存在一定的风险，会影响他们的分析结果从而导致不当决策。而对客户联络人里奇，马赛厄斯必须以一种温和委婉的方式去谈这件事，这样对方才能够配合，因为他没有办法强迫里奇交出数据。马赛厄斯跟里奇说，他们正在查看总体数据，而不是每笔交易的具体细节。这样就能让里奇放心，他们对里奇可能犯下的错误不会太追究。

　　我们没法保证里奇一定会配合，也没法保证出了任何问题他都可以免责，但是马赛厄斯已经预料到里奇的种种顾虑并尽可能地去消除它们。这里他已经做得很好了。

## 信息

不同的沟通对象对信息的需求是不同的。我们来看几个例子。

约瑟任职于阿瓦兰特公司。这是一家医药公司，最近研发了一种 skeezazine 药物的新型缓释制剂 Skeezixx XR。老板让他为公司网站上的两个动画视频起草剧情脚本。这两个视频一个是给患者看的，放在官网首页；另一个是为医生设计的，需要输入密码进入专有页面进行观看。

约瑟知道两个群体都需要这种新型药物的介绍，但是出于各自的需求和视角，他们对信息的要求又有所不同。首先他为医生撰写了视频脚本：

使用新型药物 Skeezixx XR 可免挂号费，高效开具处方，给需要 skeezazine 的患者提供了更多的选择。Skeezixx XR 是 skeezazine 药物唯一的百分百缓释配方制剂。它的独特配方可使 skeezazine 药物在二十四小时内缓慢释放，日服一次，很方便。相较于其他品牌，Skeezixx XR 有更多的服用剂量可供选择，共有五种：二十五毫克、五十毫克、一百毫克、一百五十毫克和二百毫克。

Skeezixx XR 快速启动程序能够确保您的患者买到阿瓦兰特价格实惠的药物。这个程序可以快速识别有免费挂号资格的患者，可在全国各大药房通过电子券自动实现免费挂号。我们的代理商能够帮助患者锁定可以使用电子券的药房。

现在开 Skeezixx XR 药比以往任何时候都简单容易。

下面是为患者撰写的版本：

想买 Skeezixx XR 药，现在变得容易多了。Skeezixx XR 快速启动程序能够确保您及时买到阿瓦兰特价格实惠的药物。如果您符合免费挂号的条件并且您的保险要求事先授权，我们可以向您提供免费产品，帮您立即享受优惠政策。

另外，我们还可以全程协助您获得保险的事先授权。我们药房的服务团队也能按照第一处方为您配好药，并直接递送到您家里。

最后，我们还为符合特定条件的患者提供援助服务。如果保险无法支付或想使用现金付费，我们可以为您提供非常实惠的折扣价格。

现在买 skeezazine 类药物 Skeezixx XR，比以往任何时候都简单容易。要想了解 Skeezixx XR，请向您的医生咨询。

可以看出，以上两个版本反映了两类读者不同的需求和兴趣点。患者并不需要了解药物的具体剂量以及开处方的复杂细节；而对医生来说，这些信息却十分重要。患者想知道的是，阿瓦兰特公司会为他们提供怎样的便捷买药服务。

为不同的读者提供正确的信息，我们来看一个更日常的例子。

达琳经营了一家小公司，现在正准备把所有客户档案进行数字化处理。她决定让员工把传统的纸质档案数据录入系统，并由几个临时雇员协助完成。为此，达琳给参与此项工作的公司员工写了一封邮件：

大家好！

非常感谢大家共同参与公司传统纸质档案的数

字化处理工作。把所有东西集中整理到一个地方，是一件很有意义的事情。

我们将从周一开始，争取在周五（二十三日）完成。苏美拉会把需要处理的档案资料分发给你们。

你们需要通过常规登录进入公司客户系统。请遵循以下步骤进行操作：

录入信息之前，先检查一下客户信息是否已存在，确保没有重复录入。如果发现纸质档案和现有数据记录有明显出入，请向苏美拉或者我确认。

将纸质档案中的以下信息项录入系统：

姓名、地址、电话号码、联系人、服务起止时间（如果对终止服务时间不是很确定，这一项可不填）、服务代表。

如有任何问题，请联系苏美拉或我。谨记：有疑问时请不要自行猜测。我们的主要目的是整理客户数据信息，一定要多花点儿时间确保准确。

再次感谢大家对此项工作的支持和参与。

祝好。

达琳

达琳同时还要对那些协助录入数据的临时雇员进行

动员和指导：

大家好！

　　欢迎加入我们的团队，也非常感谢大家报名参与这项工作。相信大家都知道，我们正在将客户档案进行数字化处理，你们则是要协助在职员工将内容录入公司的数据库。

　　这项工作将从周一开始，预计在周五（二十三日）完成。

　　在掌握数据录入的具体细节之前，先了解一下我们的系统。

　　你们应该已经通过入门邮件收到了登录证书。如果没有，请赶快联系我。如果忘记了登录密码，也请告知我。

　　你们停止工作十分钟后系统会自动退出登录。但我还是建议你们，因故离开时要主动注销系统，回来时再重新登录。

　　系统有自动保存的功能，但最好养成习惯，即每次录入后主动点击保存键（在屏幕界面右上方）。

　　你们要做的档案资料将由苏美拉·马尔多纳多下发。

请依照以下步骤操作：

录入信息之前，先检查一下客户信息是否已存在，确保没有重复录入。如果发现纸质档案和现有数据记录有明显出入（如公司名称、地址等），请向苏美拉或者我确认。

将纸质档案中的以下信息项录入系统：

姓名、地址、电话号码、联系人、服务起止时间（如果对终止服务时间不是很确定，这一项可不填）、服务代表。

如有任何问题，请联系苏美拉或我。有疑问时请一定不要自行猜测，要问清楚。我们希望你们多问而不是乱猜。

再次感谢大家对此项工作的支持和参与。

祝好。

达琳

达琳在给公司员工的邮件内容基础上写了这封信给临时雇员。很显然，她认真地思考了临时雇员可能需要哪些额外的信息。信中加入了这项工作的背景信息和数据库系统的操作方法。她重申了第一点操作步骤，使不在这个团队中的成员了解得更清楚，这样是很有必要的。

同时也再次强调有问题应多问而不要臆测。根据临时雇员的需要和想法去撰写这封信，从而避免了很多混乱、疑惑甚至可能发生的错误。

关于如何选择合适的写作内容，我们还将在第五步"内容补漏删冗"中进行详述。

### 如何通过撰写商业计划书提高商务写作水平

眼下最热门的公司，如亚马逊、苹果、谷歌等，它们有一个共同点：都从一份优秀的商业计划书起家。商业计划书是以潜在投资人为目标读者、全面展示企业发展目标及战略规划的书面文件，其主要目的是说服投资人对初创企业进行投资。这是一笔很大的赌注：你必须正中投资人的下怀，否则很难拿下初创融资。

成功撰写商业计划书，你必须很有说服力地回答下面三组问题。第一组是关于人的问题：为何你能够成为公司的创始人和管理者？你在行业内有名吗？你能为公司吸引杰出人才吗？第二组是关于机遇的问题：公司产品和服务的市场大不大？是否有成长空间？公司产品和市场匹配度如何？第三组是关于环境的问题：公司在何种背景和环境下创建？行业内有竞争者吗？公司将如何应对市场的变化？针对这些问题给出的答案，将决定你是否能够拿到投资。如果不能充分有力地回答这些问题，你的投资人只能简单地说一句"不好意思"了。

想象一下，你用同样的方法去对待日常的商务写作，真正懂得如果不能满足读者的需求，那就达不到写作的目的；想象一下，你每次写到一些重要的信息时，都要问自己"读者想要什么?""我怎样去满足读者的需求?""我如何才能说服读者?"很显然，大部分商务写作都不会像商业计划书那样存在很高的风险，但是商业计划书的撰写为各类商务文本写作提供了一种很有用的方法和规范。把这种专注和严谨的写作态度和方法应用到日常，将会大幅提升商务沟通的成功概率。

罗伯特·C. 多尔蒂：福布斯工商学院执行院长。

## 态度

莎拉任职于一家小型零售公司。在过去的几年里，公司的网站迅速大规模地拓展，由最初只是作为公司纸质产品目录的补充，到现在已经成为公司最主要的销售渠道。莎拉想让她的老板玛丽为公司网站的信息维护团队提供一些支持。

玛丽，你好！

　　我们现在需要更多人手维护公司的网站。网站上的产品介绍信息变化太快太频繁，我们根本忙不过来。起初让营销助理来做还说得过去，但现在随着公司网站大规模拓展，情况需要另当别论了。

　　杰米已经忙得不可开交。我们目前的产品种类繁多，却没有统一的信息介绍模板，产品品牌声音不一致。有些产品描述信息不全，杰米不得不花很多时间答复客户的电话咨询。

　　我觉得我们应该考虑进行合同外包，雇用兼职员工对网站上所有的产品介绍进行整理并且实时更新。日后我们可以聘用一位全职人员对网站和产品信息进行管理，但目前还是先将这项业务外包出去。我和杰米可以制作一个新的产品介绍模板并尽量补充一下缺失的内容信息，然后交给外包公司。

　　您下周有时间吗？我们可以讨论一下这件事。

　　谢谢。

莎拉

　　可以理解，这件事让莎拉很是苦恼。杰米的工作量很大，他确实需要人手。如果你从邮件中仔细感受一下莎拉的态度，就会发现她一直在强调她单方面的需求，而没有考虑玛丽的态度和想法。

玛丽对莎拉信中谈到的事情会怎么想呢？首先，雇用兼职外包人员是要花钱的。对必须控制预算的玛丽来说，更让她吃惊的是，莎拉还建议再招聘一位全职员工。另外，莎拉信中留下了很多没有解释的重要问题。她说杰米忙得不可开交，原因何在？既然莎拉和杰米有时间制作模板并添加新的内容，为何没有时间去更新产品介绍信息呢？如果我是玛丽，我看到莎拉的邮件第一反应就是"不行"。

莎拉没有想过对方会有这个反应，因为她未曾仔细考虑过玛丽对这件事的态度。她只关注了她和她团队单方面的需求。现在，让我们假设莎拉花时间认真思考了对方的态度和想法，重写了这封邮件。

玛丽，你好！

　　我们下周能安排个时间讨论一下公司网站管理的事情吗？由于网站业务的快速拓展，网站管理的工作量远远超出我们的预期，我觉得有必要把业务外包给一位兼职人员，这样就可以解决我们的问题，而且费用也不会太高。

目前我们需要解决以下问题：

» 网站上产品介绍信息不统一，尤其是不同
类别的产品。

» 产品信息描述不统一使得品牌声音不一致，
导致我们去年做的品牌战略根本没有得到
真正的实施。

» 很多产品介绍信息不完整，杰米不得不花
很多时间去答复客户的电话咨询。

» 产品介绍信息的不统一和不完整，使得顾
客线上购物体验不佳。

杰米现在把精力都用在了如何更新产品信息而不
是推进市场营销上。他是一位很聪明很有头脑的员工，
他的工作不应该只是简单的数据录入和接听电话。

我的建议如下：

» 你、我和杰米应该共同制作一个新的产品
介绍模板，模板要能够反映我们去年所定
的品牌个性风格。

» 有了模板以后，以业务外包的形式聘用一
位兼职人员去专门管理公司网站，按照新
的模板制作产品介绍，对缺失的内容进行
标记。

> » 把以上事情处理完之后，我们再考虑下一
>    步怎么做。

明天我会再跟进确认一下讨论的时间和计划。

谢谢。

莎拉

在修改后的邮件中，莎拉考虑到了玛丽可能的反应。现在信中给玛丽传达的信息是什么？不再只是费用的支出了。莎拉现在的提议能够让公司更好地实施先前的品牌战略，能够让顾客获得更好的线上体验，能够充分利用员工杰米的价值。莎拉对现实情况进行了充分的考虑，意识到他们可能不会一直需要兼职外包人员，也可能并不需要再加一位全职员工。但是，即使真的需要，玛丽也会表示十分理解。

## 当你面对的读者不止一人

当你面对的读者只有一个人时，写作就会很直接很简单。而如果你的目标读者是一个群体，那就要复杂得多了。在这种情况下，你必须假定你的读者会有不同的观点甚至需求。应该如何应对这种状况呢？学会问自己下面几个问题：目标读者中谁是资格最老的？谁是最终

拿主意的？哪一位是最不容易说服的？哪一位是最可能提出异议的？原因何在？做完这一系列分析，你就能准确地预测对方所持异议并为此做好准备。

但是，当面对的读者中有些人你并不认识和了解，该怎么办呢？这种情况在做商务提案时经常出现。这时候，你可以从营销人员名册中随便抽出一页，创建一些虚拟的人物角色作为假想目标读者。比如，你可以假想其中一位是资历很高的经理，一位很关注预算支出，一位心中另有打算，等等。不要因为顾虑潜在读者而使自己变得不知所措。相反，要通过对他们个体的理解和分析来确保你的写作能够满足每个人的需求。不要被这些可能的目标读者吓到了，而是要让他们帮助你。当你面对的读者是一众人，要对他们每个人进行设想和分析，这样才能更准确地预测可能出现的反对意见并且更有力地说服他们。

## 如何针对读者而写

如果你是**规划型**的写作者，下面的小技巧可以帮助你。在第一步"明确写作意图"中，我们已经做了个小练习帮你精准确定写作目的。现在我们在此基础上更进一步。在草拟写作提纲时，请将以下两个非常有用的句子补充完整：

> 我的写作目的是 ＿＿＿＿＿＿＿，因此我的写作对象会 ＿＿＿＿＿＿＿。
>
> 我的写作对象需要了解 ＿＿＿＿＿＿＿ 才能够那样做。

如果你是**校订型**的写作者，完成初稿后准备进一步修改，那么请站在读者的角度去通读全稿，然后回答下面的问题：

> 如果我是［填入读者的名字］，我会认为 ＿＿＿。
>
> 如果我是［填入读者的名字］，我想知道 ＿＿＿。
>
> 如果我是［填入读者的名字］，当 ＿＿＿，我的反应可能会更好一些。

无论你是哪种类型的写作者，都要站在读者的角度去思考，这样才能更加了解对方并与他们进行更加有效的沟通。

## 当你面对的读者是个跨国团队

随着虚拟团队建设的兴起，现在很多人通常都在和来自不同国家和文化背景下的人共事。而且由于工作地点不同，团队成员之间可能只是通过写作进行沟通。当你面对的是一个跨国团队，那么在书面交流中一定要多加注意，以免造成误会或冒犯对方。

对于与跨国团队的有效沟通，下面是几点建议：

❖ 把每个人的名字写对。在跨国团队里工作，你会发现很多同事的名字对你来说都奇怪而陌生。花点儿时间去学一下每个人名字的正确写法和读音。如果不确定，去问一下。你的同事会很乐于解答你的问题，而不愿意看到自己的名字被搞错。

❖ 避免使用行话术语。即使对那些英语讲得非常好的人，使用行话术语也是不可取的，尤其是具有隐喻意义的术语表达。想告诉对方"我们不要好高骛远"，正确的写法是"let's not do more work than we need to do"，而不是"let's not boil the ocean"；想表达"我们先从容易解决的问题开始"，不要说"start with low-hanging fruit"，而直

接说 "start with problems that are easy to solve"。
（即使你是写给本国的同事，也尽量避免使用这样的表达。）

❖ 如果别人写给你的东西你不太明白，花点儿时间尽量去弄清楚。不要不懂装懂，应该不懂就问。

❖ 不能直接拒绝别人。在一些国家的文化中，拒绝请求或直接说不，是非常不合适的。直接的拒绝会让人感觉很丢脸，因此许多文化中的坏消息都要通过很含蓄的方式表达。如果同事和你沟通时含糊其词或者不直接回答你的问题，那他可能是想拒绝你但没有直接说出来。这时候，请换一种方式表达你的要求，简单说明一下你对同事答复的理解，委婉地确认一下你真正明白了对方的意思。

❖ 学会积极正面地看待文化差异。如果你感觉对方沟通的语气或口吻很古怪，那也许只是你对异域文化行为模式的本能反应而已。

❖ 礼多人不怪。与同事沟通时最好要比平常更加正式一些，这样也可以尽量避免伤害对方的感情。

### 预测对方所持异议

在大部分的沟通中，都存在一个重要的战略要素，即正确预测对方攻势从而抢占先机。在各种商务场合的文书写作中，不管是货品的销售，还是项目的融资，抑或某种解决方案的协议，明智的做法是，充分考虑对方可能的反应和答复，事先预测对方所持异议并为此做好准备。

准确预测对方所持异议，就要求必须真正了解你的沟通对象，这样你才能从他的角度去看待这件事。他是管理预算的那个人吗？他还收到了哪些要约？为什么他要投资你的项目而不是别人的？除了你的，他还在处理哪些人的要约？他会花时间优先处理你的项目吗？你怎样才能让他在诸多竞争对手中优先处理你的要约？公司选择这个时机承担风险做这个项目合适吗？你怎样才能说服对方此事利大于弊呢？事先准确预测对方所持异议可以防止你在对方提出否定意见时措手不及，也可以大幅缩短后续的商讨和谈判时间。

### 使用"对方态度"

"对方态度"是一种重要的商务沟通方法，最早是由俄亥俄州立大学的英文教授基蒂·O. 洛克[1]提出的。简单来讲，写作中的"对方态度"指的就是要把注意力锁定在阅读者而非写作者身上。这种方法强调对方的重要性，突出对方利益的最大化。在写作中使用"对方态度"经常需要把句子中的主语从第一人称"我""我们"换成第二人称"你""你们"。

　　我方已将您所订货物装船发出。→ 你方将很快收到所订货物。

　　我们提供了最多的品种供选择。→ 您有最多的品种可选择。

不难看出，销售人员一直很擅长这种写作方法。当然，不只在销售领域，你可以在任何商务场合使用这种方法以博得对方的善意和好感。

　　我需要您帮我们…… → 您可以帮我们……

　　我们的新程序只需要十五分钟。→ 您可以在十五分钟内进入我们的新程序。

---

[1] 洛克教授与唐娜·金茨勒合著教材《商务与管理沟通》（第 11 版；纽约：麦格劳-希尔教育出版社；2015 年）。

如果……我可以更快地完成。→ 如果……您就可以更快地看到成果。

从第一人称"我"到第二人称"你"的转换可以作为一个简单的小技巧，使你的写作更具感染力，更能吸引你的读者。

## 合理利用格式编辑引导读者

针对目标读者去写作，很大程度上要求你的文字内容要明了易懂。除了对内容本身进行斟酌，还可以通过使用恰当的格式让读者更好地获取文字信息。职场上大多数人都没有时间真正仔细地阅读文本，他们只是对文中信息进行快速捕捉。下面这三个技巧可以让你的文字清晰明了、内容重点突出，更适合阅读者的快速浏览。

❖ 段落要简短。人们在阅读大段文字时，眼睛往往容易"跳行"。而由**几句话**组成的简短段落更能让读者对内容进行轻松把握。

❖ 使用编号列项。当写到**一列内容**的时候，你可以考虑采用编号列项的格式。编号的项目可以是一列词、句子或者问题。提醒一句：当你写的内容各项之间不是并列关系，或者各项内容都需要详细的阐述而一个简单列表不能解决问题的时候，这种方法并不适用。有些人在进行商务写作时过分爱好编号列项格式。我的建议是，如果你采用这种格式，一定要确保其合理性，该用的时候再用。

❖ 适当加粗文字。合理加粗字体能够**凸显重要词汇，吸引读者的注意力**。如果一篇文章中对一些内容进行合理有效的字体加粗处理，读者就能很容易地**捕捉到重点并领会意图**，而不是逐字逐句地全文阅读。和使用编号列项一样，这种方法也不要过度使用。如果文章中文字加粗部分过多，那么这种格式也就失去了意义，看起来很多余，而且**效果会适得其反**。

最后再提示一点：以上三种格式编辑技巧，请不要过度使用。如果你的文章中有太多的编号列项、字体加粗、斜体等，看上去会像一封推销信。而且这样做会让你忽视文章内容本身而去过多关注格式。把格式编辑作为一种工具，让它服务于你，而不是你服务于它。正确巧妙地使用格式编辑，可以更好地组织写作内容，吸引读者准确地关注文中的重点信息。

## 小结：针对读者而写

如何在写作中满足读者的需求和预期，请认真考虑以下几个要素：

❖ **关系**：我写作的阅读者是谁？他和我什么关系？他一定会按照我的意图去做吗？

❖ **信息**：读者对我写的事情了解多少？我需要向他提供多少背景信息帮他了解此事？他想要什么样的信息？

❖ **态度**：读者对我写的事情会有什么样的态度？他会接受还是反对？要说服他我需要加入哪些信息和内容？

接下来，我们将探讨一下文章的开头怎么写，看看清晰明确且具有感染力的开篇是如何激发读者阅读的欲望和兴趣的。

## 第三步：开篇明确有力

我希望我的同事们在书面沟通时能够快速进入主题。一些同事写的东西开篇总是有太多介绍性和解释性的文字，无法直接切中要点。

——引自一位调查受访者

很多人都觉得文章引言和开篇很难写。万事开头难。当你的文章还没有成型或者根本还没有动笔，这个时候写引言或开场白显得尤其艰难。

但是你的开篇却能给读者留下深刻印象，它能使对方在几秒钟内就决定接下来如何对待你写的邮件或文书。如果开篇松散随意且漫无边际，你就会失去读者的关注和兴趣。想要激发读者的兴趣，吸引他继续读下去，必须让你的文章**开篇清晰明了而具感染力**。

优秀的开篇应该是这样的：

❖ 吸引读者的注意力。

❖ 告诉读者接下来要讨论的事及其重要性。

❖ 告诉读者你希望他做什么：接收信息、给予答复或者采取行动。

❖ 激发读者的兴趣，令其继续把文章读完。

下面有几个开篇不很成功的例子，看看该如何修改。

项目组成员：

　　我又看了一下项目进度表，发现有几个问题需要我们在上线之前解决。受出行安排的影响，我们收到样品反馈比预期晚了一段时间。而且我们需要的新型聚合物组件也要到四月十日才能拿到。这一系列时间推迟恰好又让供应商不能按时供货，他们要到四月十六至十九日才有时间安排我们这个项目。

因此我建议：为了赶进度，我们将β验证和β测试两个步骤合并进行。这就意味着我们要在四月十九至二十日两天内完成β验证和β测试。对此有何意见，请及时告知我。

谢谢。

阿比 ·

阿比把"需要解决的问题"都阐述清楚了，但是这封邮件的开头并没有指出问题的后果，而且开篇不够具体明确。因此，他决定对邮件进行修改，让对方了解当前问题的紧迫性。

项目组成员：

我又看了一下项目进度表，发现以现在的速度产品将无法按时上线。为了赶进度，我建议将β验证和β测试两个步骤合并进行，在四月十九至二十日两天内完成。请大家看看是否可行。

需要解决的问题有以下几个：

» 样品反馈因故迟到（因出行安排所致）。

» 新型聚合物组件到四月十日才能收到。

» 供应商到四月十六至十九日才有时间安排
此项目。

我们在四月十九至二十日合并进行β验证和β
测试，大家认为是否可行，请告知我。

谢谢。

阿比

修改后的邮件比先前的好多了。阿比开篇就告诉团
队成员问题的紧要性——他们很可能无法按时完成项目，
这样立刻就吸引了对方的注意力。他第二句话提出了问
题的解决方案，并在第三句中要求所有人对此建议给予
答复。阿比把所有重要的信息都在短短的第一段中传达
了出来，而且清楚地表明了写作意图。他还通过编号列
项的形式把需要解决的问题列了出来，这样便于邮件读
者快速浏览、了解情况进而给出答复。

我们再来看另一个例子：

杰西卡：

达莉娅要休产假了，公司需要为此做一些安排。

目前她说准备休息六周的时间，但我觉得我们最好提前做好更长时间的准备，法定的产假时间最长可以到一年。

我们需要找人接替她的工作岗位，包括前台接待、邮件处理、展示会上做卡尔的助理。

我们可以分别做如下安排：

> » 前台接待：周一至周四雇用一位兼职人员，每周五可以由公司其他员工代班。
> » 邮件处理：从公司员工中挑出一个人专门做这项工作，达莉娅事先进行培训交接。
> » 展示会：员工轮值去做。鲍伯、梁、史蒂夫以及埃斯米以前都做过，应该是很好的人选。想想是否还有其他人。

关于这些想法，希望听听你的意见。达莉娅将在五月七日正式离职休假，因此我们要在两周内做好所有的安排。

谢谢。

　　　　　　　　　　　　　　　埃里克


埃里克阐明了达莉娅休产假对公司的影响并提出了解决方案，但是如果杰西卡只是浏览了一下邮件的开头，她并不会意识到事情的紧迫性，也不会明白埃里克是在征求她的意见。读到最后一句话，杰西卡才知道他们只剩下两周时间去安排达莉娅的产假替班工作。达莉娅离职的日子日益逼近，这对埃里克来说是很紧迫的事情，但对杰西卡来说可能并不是。所以埃里克应该把他的需求和事情的紧迫性解释清楚，而不是对杰西卡的所知所想进行想当然的假设和判断。

现在我们来看看埃里克修改后的版本：

杰西卡：

以下是我关于达莉娅产假代班工作安排的一些想法，希望能够听到你对此事的意见回复。她将在五月七日正式离职休假，我们需要在两周内做好安排计划。目前她说准备休息六周的时间，但我觉得我们最好做好更长时间的准备，法定的产假时间最长可以到一年，因此她也许会休到七月三十日。

我们需要找人接替她的工作岗位，包括前台接待、邮件处理以及展示会上做卡尔的助理。

我们可以分别做如下安排：

» 前台接待：周一至周四雇用一位兼职人员，每周五可以由公司其他员工代班。

　　　　》　邮件处理：从公司员工中挑出一个人专门
　　　　　　做这项工作，达莉娅事先进行培训交接。

　　　　》　展示会：员工轮值去做。鲍伯、梁、史蒂
　　　　　　夫以及埃斯米以前都做过，应该是很好的
　　　　　　人选。想想是否还有其他人。

　　下周我会继续跟你讨论确认此事。

　　谢谢。

　　　　　　　　　　　　　　　　　　埃里克


　　在修改后的邮件中，埃里克的开篇就很明确有力：
时间很紧迫，他提出了一些建议，并希望听听杰西卡的
意见。这样邮件一开头就让杰西卡知道后面有她想了解
并需要答复的信息，促使她继续读完全部内容。

### 如何做到开篇明确而有力

　　万事开头难。但在写作过程中还是有一些方法能够
帮你克服这种困难的。首先，要知道并不一定要最先
写文章的引言开头部分（见下文"文章开头未必最先写
成"）。其次，写完全文后，一定要重新检查和修改文章
的开头。如果你养成习惯，在定稿前对开篇不断修改润
色，那么你的文章开头不但能吸引读者，而且能够准确

地总领全文。

如果你是**规划型**的写作者，花几分钟的时间思考以下问题：

> 我怎样才能吸引读者的注意力？
>
> 怎样才能够让读者继续往下读？

在第二步中，你已经花了很多时间去分析目标读者。现在就可以运用前面所学内容设计一个很好的开篇去吸引读者的注意力。读者认为你传达的信息的重要性在哪里？你可以先从**风险与机会分析**下手：你的信息是不是让读者看到了某种**风险**？抑或给他带来了什么好的**机会**？无论是什么问题，都要设法在文章的开头直接提出来。不必开篇就把问题所有的细节解释清楚，但是必须把问题提出来。想好了开篇怎么写，紧接着思考一下如何组织语言激发读者的兴趣，令其一直读下去。有时候很简单的一句话就能解决，比如"下面我将提出三个问题解决方案"。无论如何，都不要把重要的信息留到文章的最后，像任务的截止日期、工作的下一步方案等等。尽可能把重要的问题放在最前面，中间的部分解释分析具体细节，最后结尾进行总结强调。

如果你是**校订型**的写作者，喜欢对文稿进行反复修改，请一定要用挑剔的眼光仔细检查一下文章的开头。站在读者的角度，回答下面的问题：

这是我想读的东西吗？

我能把它一直读完吗？

如果答案是否定的，那么你就应该好好考虑一下如何去吸引读者的注意力了。有没有什么机会或风险可以放在文章开头去引起他的注意？可不可以让你的开篇就能够激发他的兴趣直至读完全文？

不管你写的是一封简短的电子邮件还是一篇长长的报告，很重要的一点是，一定要有清晰明了的开篇，并且能够吸引读者。

无论你在写作时属于**规划型**还是**校订型**，在你把文稿发给对方之前，最好再检查一下开头。尤其是篇幅比较长的文书，你在写作过程中想法和思路可能随时都在跳跃和转变，回过头来可能发现最初的开场白已经不太恰当了。在重新检查时，你会对自己的写作意图有更清晰的认识，更加明白如何去吸引读者。在这个过程中，尝试回答以下问题：

读者会明白我的写作意图吗？

读者会有兴趣继续读下去吗？

我的写作语气对写作内容来说合适吗？

（关于写作语气的更多内容，见后文"这种语气合适吗？"）

## 小结：开篇明确有力

❖ 开篇往往关系到整篇文章成功与否。文章开头直接明了，让读者能够快速抓住主题。

❖ 站在读者的角度考虑文章该如何开篇。怎样才能吸引他们的注意力？想想在文章开头可以突出哪些风险和机会来抓住读者的心。

❖ 利用好的开篇激发读者的兴趣读完全文。

❖ 完稿之后再次检查文章开头，看看它与后面的内容是否统一。

### 文章开头未必最先写成

　　文章的引言或开篇是很难写的。它需要承载太多的内容，很多人都很害怕写文章开头。好在我们写作时，并不需要总是把文章的开篇放在最先顺序去写。事实上，先写引言或开头可能并不是最好的选择。

　　不要总是纠结于文章的引言或开头如何写，尤其是一些篇幅较长的文书，像商业报告或策划书等。从你认为最好写的部分下笔，也许是中间的某个部分，你感觉有很多要写的内容或者最能强有力地阐述观点，那就从这部分落笔，然后再去完成其他部分。如果这种方法对你有效，你就可以尝试把全文分成几个部分，每个部分独立完成，不必按照文章的逻辑顺序。全部内容完稿后，把几个部分串起来，注意合理过渡，然后再动笔写开篇。这个时候你就会清楚开头该写些什么，该如何在开篇中强调主题、吸引读者。很多时候，放在最后一步去写的文章开头往往比最先提笔写的更加清晰明确、更具感染力。

　　接下来，我们看看如何让你的书面写作简洁明了，从而最大限度地节约读者的时间和精力。

## 第四步：文字简洁明了

　　我收到的大多数电子邮件的长度都应该缩减至少百分之三十到五十。

——引自一位调查受访者

前面的几个写作步骤中，第一步你要明确写作意图，第二步你要针对目标读者，第三步你要明确有力地开篇。下面这一步，你要学会让写作更加简洁明了。

在为这本书所做的商务写作调查中，我们发现百分之八十七的受访者认为写作中简洁明了是第一位的，而百分之六十三的人希望他们的同事能够用更简洁的文字进行交流。

用简洁的文字写作有很多好处，无论对读者还是作者来说都是。简明扼要的信息会收到更有效的反馈，因为对方能够很快了解你的意图。同时，你能节省更多的写作时间，提高写作效率和愉悦感；你也不必再浪费大量时间去关注对方是否理解了你的文字，或者是否根本就没有阅读你的信息。另外，如果你总是能够用简洁的文字进行沟通，大家会认为你是一个很率直的人，而且从不浪费他人的时间。每个人都喜欢这样的同事。

对我们大多数人来讲，用简洁的文字写作并不是自然而然的行为。尤其是时间比较紧迫的时候，我们更容易把想到的信息一股脑儿抛在纸面上，文字不加过滤，混乱、烦冗、篇幅过长。这种写作习惯是需要一些时间来改变的，需要不断地练习。

在正式讨论之前，有一点请大家注意：文字并不总是越少越好。有时候想实现某种特别的写作风格，往往需要长句的表达、详尽的解释或者必须反复强调才能把问题讲清楚。在写作中不管是简洁还是繁复，关键是要根据实际情况去选择，而不是受限于写作能力。

写作中做到简洁明了，需要掌握几个文字校订技巧。校正修订文稿的方法有很多，很容易让你在选择的时候不知所措。在这部分内容里，你将学到一个简单实用的方法，帮你解决百分之九十的文字烦冗问题。如果想掌握更多，可以参阅本书中"校订写作文稿"的那部分。

为了能够在写作中更好地对句子进行精简，我们在这里要讲一点儿语法（不会太多，我保证）。以下是进行文字精简的四点提示：

1. 注意 be 动词结构：is、are、was、were、has been、have been（是、有、已经）等。

2. 注意介词短语。

3. 注意名词化（详解见后）。

4. 注意赘语。

如果在写作过程中你能随时关注这四点，能发现问题并及时改正，你的文章质量将会大大提升，读者的阅读过程也会更加轻松愉快。

### 写作精简快速指南

① **注意 be 动词结构**( am、is、are、was、were、has been、have been )

将被动句化成主动句：X is done by Y → Y does X ( X 被 Y 怎样了→ Y 对 X 做了什么 )

考虑将 there is、there are、it is ( 有、是 ) 结构进行改写。

② **注意介词短语**

如果文中出现了一系列以介词 in ( 在……里 )、on ( 在…… 上 )、of (……的 )、by ( 通过 )、around ( 在……周围 )、about ( 关于 )、between ( 在两者之间 ) 等开头的介词短语，考虑将它们改写：

the permission of the customer ( 来自顾客的许可 ) → the customer's permission ( 顾客的许可 )

in many circumstances ( 在很多情况下 ) → often ( 经常 )

③ **注意名词化**

名词化指的是将一个词转化成名词形式。很典型的就是将动词转化成名词，前面需要再加上一个动词组成短语在句中出现。我们将下面这些短语还原成动词：

reach an agreement ( 达成一致意见 ) = agree ( 同意 )

make a decision ( 做出决定 ) = decide ( 决定 )

achieve a balance ( 达到平衡 ) = balance ( 平衡 )

suffer a loss ( 遭受损失 ) = lose ( 损失 )

have a response ( 给出回复 ) = respond ( 回复 )

conduct an investigation ( 开展调查 )= investigate ( 调查 )

engage in a search ( 展开搜索 ) = search ( 搜索 )

④ **注意赘语**

注意那些重复性的赘词：

7 a.m. in the morning（早上的早七点）

absolutely essential（完全必要）

meet together（一起见面）

basic fundamentals（基本的根本点）

future plans（未来的计划）

final conclusion（最终的结论）

lag behind（落在后面）

注意没有实际意义的多余的词：

actually（实际上）

in many ways（在很多方面）

essentially（本质上）

at the end of the day（最终，到头来）

foundationally（基础地）

ultimately（最终）

能用简单朴素的词汇表达，就尽量避免太过繁复华丽的辞藻：

utilize → use（利用，使用）

initiate → start（开始）

in light of the fact that → because（因为）

with reference to → about（关于）

at this point in time → now（现在）

## 注意 be 动词结构

在英语中，be 动词具有很多的形式变化：I am（我是）、you are（你是）、she or he is（他 / 她是）、they are（他们是）、we have been（我们已经）之类。它在写作中以各种形式出现的频率远高于其他动词。Be 动词本身很好，但使用过度会造成冗余。我们来看两种由 be 动词引起的冗余问题：**被动语态**和 **there be 结构**。

### 1. 被动语态

Be 动词会以被动语态的形式出现在句子中。你可能听说过被动语态，但并不完全了解它的句式结构。之所以称为"被动"，是因为句子主语是句中动作的接受者。**主动语态**与它正好相反，句子主语是句中动作的施行者。被动语态的结构是由 be 动词的适当形式加上动词的过去分词（通常是词尾加 -ed）组成。由于句子主语并不是施动者，所以通常要加上以 by 引导的短语把施动者表示出来。

我们来看一些例子：

被动语态：*The intruder* was arrested *by the security guard.*（闯入者被安保人员逮捕了。）

主动语态：*The security guard* arrested *the intruder.*（安保人员逮捕了闯入者。）

在被动语态的句子中，主语 the intruder（闯入者）是受动者。而在主动语态的句子中，主语 security guard（安保人员）是施动者。

被动语态：*Gender and annual income* were cited *by the research as the major drivers of purchase decisions.*（性别和年收入被这项研究用作消费者购买决策的主要驱动因素。）

主动语态：*The research* cited *gender and annual income as the major drivers of purchase decisions.*（这项研究将性别和年收入用作消费者购买决策的主要驱动因素。）

可以看出，动词所表示的"动作"并不总是真正的物理性动作，它只代表句子中的"动作"意义。在上面的例子中，the research（研究）是施动者，所谓的"动作"指的是 citing（引用，用作）。

被动语态：*The beginning of the recession* was signaled

*by a sharp dip in stock prices.* （经济衰退的开始以股票价格的暴跌为信号。）

主动语态: *A sharp dip in stock prices* signaled *the beginning of the recession.* （股票价格的暴跌预示了经济衰退的开始。）

这个例子中的动作是 signaling（发信号，预示），其施动者是 the dip in stock prices（股票价格的暴跌）。

从这些例子中可以看出，被动语态的句子都比主动语态的长。通常只是几个单词的区别，但是如果你过多地使用被动语态，文中出现整段整段的被动句式，文章就会变得繁复冗长、晦涩难懂。

有时候，被动语态中的施动者会被省略：

*Bus and subway fares* **were raised**. （公交车和地铁的票价提高了。）（票价是谁提高的？确定不是城市交通管理局？）

*Mistakes* **were made** *in dealing with the crisis.* （处理这场危机时犯了错误。）

**It was determined** *that the proper procedure* **had been followed**. （确定已经走了正确流程。）

　　从上面的例子可以看出，使用被动语态还可以很巧妙地逃避责任。有些人在写作中使用被动语态正是出于这个原因。

　　需要指出很重要的一点，使用被动语态并不是不对。事实上，你在写作中有时恰恰需要这种结构。当你不知道施动者时，被动结构是非常必要的：

*The alarm was tripped at 4:30 this morning.*（凌晨四点半警报响起。）

*The fence was blown down for a third time.*（围栏第三次被推倒。）

　　有时候你确实想强调受动者而不是施动者：

*Seating arrangements at the event caused some controversy. Corporate representatives sat at the lower tables. The main table was occupied by the mayor and his special guests.*（活动的座次安排引起了一些争议。公司代表们坐在了较低的位置，而主座留给了市长和他的贵宾。）

这段最后一句是被动语态结构，用在这里很合适。让 the main table（主座）做句子主语是明智的，因为这里关键的问题是座位安排，而不是就座的市长和贵宾。

尽管被动语态从语法上讲是没问题的，而且有时也很必要，但是在商务写作中最好还是多用主动语态。很多商务写作者因为看到其他人使用被动语态写作，自己也就过度使用这种结构。他们没有区分商务写作和专业写作，只是刻意地模仿和照搬。可事实上，主动语态的句式和被动语态比起来有很多优点：更加简洁，更加直接，更易于理解，更具感染力。主动结构的句子听上去更具人情味。谁都不喜欢冷漠的、过于官方刻板的语气和口吻，而主动句式却让人感觉更人性化、更有积极主动性。

和选择其他任何写作方法一样，使用被动句式还是主动句式都应该根据实际需要而定，而不是随机或随性而为。学会两种语态之间的转换，可以帮你更好地掌控写作过程。

如何将被动结构转化成主动结构呢？遵循以下三个步骤：

a. 通过句式结构判断被动语态——be 动词（如 is、

are、has been、have been 等）加上动词的过去分词（通常是词尾加 -ed）。有时候被动结构的句子中带有以 by 引导的短语，表示句中的施动者。

b. 判断句中谁是动作的施行者，谁是动作的接受者。

c. 把句子进行转换，让施动者做主语。

我们举个例子试一试：

*The models are used by the teams to project revenue.*（这些模型被团队用来推算收益。）

a. 是 be 动词加上动词过去分词的结构吗？是的，are used（被用来）正是这种结构。

b. 句中的施动者是谁？是 the teams（团队）。

c. 转换句式，让施动者做主语：

*The teams use the models to project revenue.*（团队使用这些模型来推算收益。）

你会发现，通过这种转换，不仅句子变得简洁，意思也更清晰更明了。

可以通过下面几个例子练习一下。（正确答案见后。）

A. *Stress testing is conducted by banks to ensure adequate capital levels.*（压力测试被很多银行开展以保证资本水平。）

B. *The guidelines were rewritten by legal counsel to prevent future breaches.*（这些准则被法律顾问重新修订以防有人违反。）

C. *Personas are used by marketers to help them understand who their target customers are.*（人物角色创建经常被营销人员用来帮助自己了解目标客户。）

D. *The faulty monitor was replaced.*（有故障的监控器被更换了。）

（注意：在最后一个句子中，施动者并没有出现，你应该在转换时加上去。）

**正确答案：**

A. *Banks conduct stress testing to ensure adequate capital levels.*（很多银行开展压力测试以保证资本水平。）

B. *Legal counsel rewrote the guidelines to prevent future breaches.*（法律顾问重修了这些准则以防有人

违反。)

C. *Marketers use personas to help them understand who their target customers are.*（营销人员经常利用人物角色创建来帮助自己了解目标客户。)

D. *IT replaced the faulty monitor.*（信息技术人员更换了有故障的监控器。)

### 2. THERE IS、THERE ARE、IT IS（有、是）

Be 动词还会以 there is、there are、it is 等短语形式出现在句子中充当赘语。这种句式不是被动语态，也不能说是错误的。然而，这些短语在句中没有任何实际意义，相反却制造了一种冷漠疏远的沟通氛围，并且浪费篇幅。学会处理它们，会让写作的简洁性和紧凑度大幅提升。

原　文：*There is a large group of potential customers that can be reached by our affiliate marketing program.*（有一大批潜在客户，他们能够被纳入我们的附属营销计划中。)

修改后：*Our affiliate marketing program can reach a large group of potential customers.*（我们的附属营销计

划能够触及一大批潜在客户。）

**原　文**：There are three questions for you to keep in mind.

（有三个问题需要你记住。）

**修改后**：You should keep three questions in mind. （你需要
记住三个问题。）

**原　文**：It is under these conditions that the risk is highest.

（就是在这些情况下，风险达到最高。）

**修改后**：The risk is highest under these conditions. （风险在
这些情况下达到最高。）

　　写作中偶尔使用 there is（有）和 it is（是）这样的
结构会让你的文章形式丰富生动，提高读者的阅读兴趣。
但如果长期使用，就会降低写作效率，让文章失去感情
色彩。请注意不要过多使用这种结构。

　　谨慎使用 be 动词能够让写作更加简洁紧凑。当然，
be 动词有很多合理的用法，但如果使用频率过高，你的
文章将会变得烦冗不堪。让写作更加简洁明了，请一定
注意 be 动词在文中的合理运用。

### 注意介词短语

　　介词是英语词类的一种，它被定义为"用在名词、

代词或名词性短语前边，合起来表示方向、位置或引出对象的词"（引自《韦氏新大学词典第九版》，马萨诸塞斯普林菲尔德出版社，一九八三年）。这是一个非常模糊的定义，光看定义是没什么用的。重要的是能在文中多留意介词的存在并了解它们的作用。

　　介词在句子中充当连接词，主要的介词有 in（在……里）、on（在……上）、of（……的）、into（到……里面）、by（通过）、under（在……下面）、with（和……一起）、around（在……周围）、about（关于）、between（在两者之间）等。本书附录 II 中列出了常用介词一览表。介词能够引导**介词短语**。介词短语指的是介词和其他名词或代词搭配形成的短语，其中的名词和代词做**介词宾语**。比如：

　　*about the customer*（关于顾客）

　　*in the office*（在办公室里）

　　*on the phone*（通话中）

　　*by my authority*（通过我的授权）

　　*under these circumstances*（在这些情况下）

　　*of the organization*（这个组织的）

　　和被动语态一样，介词短语也是非常正确的语法结构。在英语写作中介词短语是必不可少的，但问题在于过度使用。想让自己的文字看上去很"正式"，作者就会在文中大量堆砌介词短语。官方的政策声明或其他法律性文件就经常是满篇的介词短语。学会运用介词和介词短语，能够让你的文章更加简洁紧凑，为此要特别注意 of（……的）、by（通过）、in（在……里）、for（为了……）、about（关于）、with（和……一起）、through（通过）等介词引导的短语和词组。

　　我们来看一个例子：

　　*Participation in client negotiations with suppliers is prohibited by company policy unless (in very rare circumstances) there is advance consent of a leader of the gyro division in the client's geography as well as an industry leader for the supplier's industry.*（按照公司政策，参与客户与供应商的谈判是被禁止的，除非［在极少的情况下］有客户所在区域内回转仪部门的领导以及供应商所处行业内领导的事先同意。）

　　唉！大多数人都能看出这是一段糟糕的文字。但真正找出问题在哪里（介词短语和 be 动词结构）并知道如何去修改，却是比较困难的。我们把这个句子拆开来分析，其中介词短语用斜体，be 动词结构加粗。

Participation（参与）

*in client negotiations*（客户谈判中）

*with suppliers*（和供应商的）

**is prohibited**（被禁止）

*by company policy* unless（按照公司政策，除非）

*(in very rare circumstances)* **there is** *advance consent*
（［在极少的情况下］有事先同意）

*of a leader*（领导的）

*of the gyro division*（回转仪部门的）

*in the client's geography* as well as an industry leader
（在客户所在区域内以及行业内领导）

*for the supplier's industry.*（供应商所处行业内）

这个句子由太多的介词短语串在一起。如何修改呢？首先弄清楚整句的意思并用简单通俗的英语把它写出来。

下面是这句话的通俗口语化的"翻译"：

*You can't participate in client negotiations with suppliers unless a leader in the gyro division and a leader in the supplier's industry say it's okay.*（只有回转仪部门领导以及供应商行业内领导说没问题，你才可以参与客户与供应商的谈判。）

这句话转换过来后也许太过口语化了，但是这种简单的方法能够帮你厘清句子结构，发现其中使用了过多介词短语。再进行适当的微调，这个句子就改好了：

*You may not participate in client negotiations with suppliers unless a leader in the gyro division and a leader in the supplier's industry consent.*（除非回转仪部门领导以及供应商行业内领导同意，你不能参与客户与供应商的谈判。）

尽管这个句子的主要问题是介词短语，我们还是顺便"清理"了一下 be 动词结构。Participation... **is prohibited**（参与……被禁止）改成 you may not participate（你不能参与），unless... **there is** advance consent（除非有事先同意）改成 unless a leader... and a leader... consent（除非……领导和……领导同意）。（你会发现，带有大量介词短语的句子中经常会出现松散的 be 动词结构。）

对过多使用介词短语的句子到底如何修改呢？下面是很实用的三个技巧：

a. 找到句子（或从句）中的动作：是什么？谁是施动者？

上例原句 unless there is advance consent of a leader of the gyro division（除非有回转仪部门领导的事先同意）中，动作是什么？施动者是谁呢？很显然，动作是 consent（同意），而动作的施行者是 a leader（领导）。因此我们就可以将原句改成 unless a leader of the gyro division consents（除非回转仪部门领导同意）。

b. 用形容词替换介词短语：

*the permission* **of the client**（来自客户的许可）→ *the* **client's** *permission*（客户的许可）

*members* **of the committee**（来自委员会的成员）→ **committee** *members*（委员会成员）

**of a high quality**（质量上乘）→ **high-quality**（优质的）

c. 用副词替换介词短语：

*in very rare circumstances*（在极少的情况下）→
*rarely*（极少地）

*in an efficient manner*（以高效的方式）→ *efficiently*
（高效地）

*with clarity*（具有明确性）→ *clearly*（明确地）

当你习惯于留意介词和介词短语，你会发现它们无
处不在。大多数情况下可能是没问题的。但当它们被过
度使用，你的文字就会变得累赘。这时，削减文中的介
词短语会使写作更加简洁高效。

## 注意名词化

到底什么叫"名词化"呢？名词化指的是将一个动
词或形容词转化成名词，然后在句子或短语中加上其他
的词以保持原词义的现象。

看个例子就清楚了。通过下面的短语，看看你是否
明白了这种现象。

*Reach an agreement*（达成一致意见）= *agree*（同意）
*Make a decision*（做出决定）= *decide*（决定）

*Achieve a balance*（达到平衡）= *balance*（平衡）

*Suffer a loss*（遭受损失）= *lose*（损失）

*Have a response*（给出回复）= *respond*（回复）

*Conduct an investigation*（开展调查）= *investigate*（调查）

*Have applicability*（具有适用性）= *apply*（适用）

*Engage in a search*（展开搜索）= *search*（搜索）

上面等号右边的词都是非常好的动词，但总有人愿意把它们名词化，即把它们转化成名词。因为动词已变成名词，句中就需要添加另外一个动词和这个名词组合才能使结构完整。因此，感觉 search（搜索）不够好，就把它换成 conduct a search（展开搜索），在句中增加了没有意义的词。

名词化从语法上说没有问题，但在商务写作中这是一个很不好的习惯。通常写作者这样做的目的是想让文字读起来更正式更客观。但这种做法却徒增了写作的篇幅。

你会发现，名词化现象往往会和大量介词短语、被动语态同时出现。在商务写作中，这样做会使文中出现大量长句，用以增加文章的正式性和权威性。要消除这种名词化现象，就是要将这些短语改回原来的动词或形容词形式。

**修改前：**

*Heavy traffic on Monday morning **caused the network to experience slowness**.*（周一早晨的严重拥堵使得网络经历了慢速运行。）

**修改后：**

*Heavy traffic on Monday morning **slowed the network down**.*（周一早晨的严重拥堵降低了网络速度。）

（Experience slowness［经历慢速运行］是动词 slow［降速］的名词化形式。）

**修改前：**

***Engaging in regular discussion** about expectations can help **enhance the performance** of employees.*（进行定期的前景期望讨论有助于提升员工的表现。）

**修改后：**

***Discussing expectations** regularly can help employees **perform better**.*（定期讨论前景期望能够让员工表现更佳。）

（Engaging in discussion［进行讨论］是动词 discuss
［讨论］的名词化形式；enhance the performance of［提
升……的表现］是 performing better［表现更佳］的名词
化形式。）

大多数人在写作过程中甚至没有意识到自己名词化
的做法，他们只是想尽量让文字读上去更商务更正式一
些。一旦意识到这种问题，就很容易将其校正，让你的
写作更简洁、清晰、直接。

## 注意赘语

前面我们已经探讨了 be 动词结构、介词短语以及名
词化现象，这些都会使我们写的句子变得冗长。现在，
再看看另一种现象——赘语，即写作中的废话。

句子中赘语的出现有很多种形式。其中最常见的两
种是**无谓重复式**和**无意义填充式**。

第一种指的就是写作中做一些不必要的重复表达。
下面这些比较典型的例子你应该很熟悉：

10 a.m. in the morning（上午的早十点）（早就是指
上午）

Absolutely essential（完全必要）（如果某件事情必

要，就是指必然需要，不能说有些必要或完全必要）

Advance warning（提前警告）（所有的警告都是提前的）

Basic fundamentals（基本的根本点）（根本点就是基本的）

Current trend（当前的趋势）（除非你写的是历史性的趋势，否则趋势都是指当前的）

Final conclusion（最终的结论）（结论就是指最终的）

Follow after（紧跟在后面）（"紧跟"一个词就够了）

Merge together（合并在一起）（"合并"这个词已暗指"一起"）

Group together（集合在一起）（"集合"的意思就是把事物集中在一起）

Future plans（未来的计划）（所有的计划都是针对未来的，你不能为过去做计划）

Postpone till later（推迟到以后）（"推迟"本身就指推到以后）

Still remains（仍旧保持）（"保持"已暗指"仍旧"）

Unintentional mistake（无意的过失）（如果是过失，就指不是故意的）

有些人在写作中把重复式赘语作为一种修辞手法，以达到强调的效果。

*Sales and marketing would like us to increase production to meet the spike in demand. But in actual fact, we cannot increase production that quickly, so we need to find a way to engage the market realistically given our current limited capacity.*（销售部和市场部希望我们扩大生产以满足需求的飙升。但真实的事实是，我们不能如此快速地增加产量，所以我们需要根据自身当前的有限产能来想办法切实地满足市场。）

在这个例子中，actual fact（真实的事实）是一种重复式赘语（所有的事实都是真实的），但作者就是运用这个重复的表达来强调他的观点：销售部和市场部的要求都是不切实际的。

然而大多数情况下，重复式赘语都是作者无意中使用的。这是一个不好的写作习惯，需要改正。

如果你不是一个特别在意细节的人，偶尔使用重复式赘语也不要紧。但当这种现象在你的写作中肆意蔓延甚至成为习惯，那就是个严重的问题了。一些商务写作者总想通过不必要的冗长复杂的句子来显示文字的专业性和权威性，因此养成了这种频繁使用重复式赘语的写作习惯。来看下面的句子：

*Everybody must share a clear common understanding of the company's key risks and a clear line of sight into the overall general level of exposure to those risks.*（大家必须对公司面临的主要风险有清晰的共识并且清晰地认识到那些风险的总体等级。）

在这个句子中，你可以看到 clear（清晰）这个词的重复使用，但句中还有一个非常明显的重复式赘语现象。当 everybody(大家)都了解，那就已经是 shared(共同的)了。如果这是普遍的认知，那就意味着每个人都知道。因此这个句子的前半部分可以这样改：

*Everybody must share an understanding of the company's key risks...*（大家必须了解公司面临的主要风险……）

如何理解 a clear line of sight（清晰地认识或理解）？

它的意思不就是 understand（理解）吗？而且，overall
（全面的）和 general（总体的）这两个词意思有什么区
别呢？不是一样的吗？

　　所以，我们将原句做如下修改：

*Everybody must share an understanding of the
company's key risks and its level of exposure to those risks.*
（大家必须了解公司面临的主要风险以及那些风险的
等级。）

　　如果想更加简洁，还可以进一步修改：

*Everybody must understand the company's key risks
and its level of exposure to them.*（大家必须了解公司面临
的主要风险及其等级。）

　　下面再看另一个例子：

*The projected cost for the renovation is estimated at
approximately \$11 million.*（翻修的预计成本估计大约为
一千一百万美元。）

句中 projected（预计的）和 is estimated（估计）以及 approximately（大约）三个词表达的是同一个意思。我们完全可以换一种说法：

*The projected cost for the renovation is $11 million.*（翻修的预计成本为一千一百万美元。）

一旦了解了写作中的重复式赘语现象，你会发现它无处不在，也会尽量避免自己的文中出现这种错误，这样一来，你的写作也就会变得更加简洁明晰，语气更加自然平实。

写作中还有一种**无意义填充式的赘语**现象，也会使文章变得十分烦冗。注意下面这些使用频率非常高的词或短语：

Actually（实际上）

I just wanted to（我只是想）

A number of（许多）

In many cases（很多情况下）

Apparently（很显然地）

In many ways（在很多方面）

At the end of the day（最终，到头来）

Literally（字面意义上）

A variety of（各种各样的）

Meaningful（有意义的）

Basically（基本上）

Significant（重要的）

Completely（完全地）

Totally（彻底地，完全地）

Currently（目前）

Very（很，非常）

Entire（完全的）

Whole（整个，完全）

Honestly（说实话）

With reference to（关于）

当然，这些词汇本身都是有意义的。正确使用能使
其在句中起到应有的作用。可问题就在于，很多时候大
家在写作过程中都会把这些词随随便便放到句子里，不
产生任何实际的意义。

*In many ways, the cost estimate is higher than expected.*

（在很多方面，成本估算都比预期的要高。）

那么到底在多少个方面（how many ways）成本估算高于预期？（成本估算又能在多少方面高于预期呢？）如果不能回答这个问题，那么短语 in many ways（在很多方面）用在这里就是没有意义的，只是为了凑篇幅而已。

*With reference to the proposed expansion, I really don't support this idea.*（关于扩张的建议，我实在是不支持这一主张。）

这是一个很蹩脚的句子。把其中的赘语去掉就好多了：

*I don't support the idea of expansion.*（我不支持扩张的建议。）

来看另一个例子：

Hi all,

I just wanted to check in about the whole video production process. I totally agree with Sam that it's very important to involve the full team at the kickoff meeting.

　　Felix

（大家好！

　　我写信只是想跟大家谈一下整个视频制作进程。我完全同意萨姆的观点，让整个团队都参与启动大会是很重要的。

费利克斯）

　　信中第一句话就是毫无意义的赘语。费利克斯真正想要传达的信息很简单，如下：

Hi all,

I agree with Sam that the whole team should be involved in the video kickoff meeting.

　　Thanks,

　　Felix

（大家好！

　　我同意萨姆的观点，我们整个团队都应该参与视频启动大会。

　　谢谢！

费利克斯）

写作时加入赘语有时是出于社交原因——想让对方感觉很亲切或者不那么生硬。其实，在与人沟通时最好寻求其他方式去制造友好的氛围，而不是在文字中加入这种无意义的赘词冗句。在上面第二个例子中，费利克斯简短的信息末尾加了一句 Thanks（谢谢），立刻就与读者建立了一种友善的关系。多一两分钟这样的斟酌，你的文字就会既简明又礼貌。

## 正确处理草稿

可能每个英文老师都曾告诉你写作时要多打几遍草稿。你在上中学或大学完成写作作业时，也是要先写初稿，经过老师的批改和建议，不止一遍地对文稿进行打磨甚至重写。可是，和大多数人一样，当你上班后，在工作中进行写作可就没那么多时间了，这时再谈对草稿进行仔细打磨、多次修改似乎是一件很奢侈或者几乎不可能的事情。

没有足够的时间去打磨文字，那么你需要找到一个聪明可行的方法对你的草稿进行正确处理，从而提升写作的质量并且节省时间。

正确处理草稿之所以能够提升写作质量，原因在于从打草稿到交终稿之间要留下一定的时间余量。在这段时间里，你可能会用不同的视角重新审视自己写的东西。

不管你是一直在思考，还是根本就没继续揣摩，都可能会有新的想法出现。这种不同的视角会帮你判断草稿中的错误，发现内容上的漏洞，删掉烦冗的文字，或者是意识到文中某些不明智不正确的言论，等等。留出这一点儿时间把你的文稿放一放，你会用更客观的眼光重新审视你的文字。

因此，正确处理草稿的技巧就是，完稿后留出一些时间进行沉淀，即使是在忙碌的工作日也要如此。在初稿完成后你可能不会留出一周的时间，但一天的时间怎么样？如果一天也不行，几个小时呢？有些人早晨上班后趁着头脑清醒先把重要的文稿完成，在下班之前再回过头去处理。他们给自己留了一整天的时间，然后再去重新检查和修改早晨写下的文字。

如果这种方法对你不适用，可以寻求其他途径让自己把写完的初稿放一放。比如，要写封邮件，先快速打出草稿，然后去开会，会后回来再对草稿进行检查修改，完成终稿发出去。或者，完成初稿后去喝杯咖啡，回来后再继续。在忙碌的工作中尽量给你的文字草稿留出一点儿时间去沉淀一下，这样能够使你更好地对其进行后续的修改和完善。

在一天中找出额外的时间很难，但合理安排日程从而正确处理写作的草稿，能够为你节省时间——你的书面沟通更清晰完整，也就不用再去花时间进行后续的补充和澄清了。

## 写作是个不断修改校订的过程

当你走进剧院，你希望看到的是一部导演新近剪辑甚至未剪辑过的电影吗？当然不会。当你读一本书，你希望拿到的是作者未校订的手稿吗？也不会。为何如此？因为我们知道，无论是导演还是作者抑或任何人，当他们想要传达一个重要的信息和想法，那就必须花时间付出最大的努力，尽量将其以最完美的版本呈现出来。

你在进行商务写作时也是如此。写作是（或者应该是）一个不断修改校订的过程。不管你写的是一条博客、一封书信、一项提案还是一封电子邮件，都是这样的。对你的读者，更重要的是对你自己，你有责任付出时间和精力把你的意图和想法清晰准确地表达出来。而这正需要你对文字的修改和校订，这一点显而易见。

我们很少有人能够把自己所想准确完美地一次性呈现在纸面（或屏幕）上。要么想法不完整，要么表达不充分，要么排版不正确。如果你想让读者领会你的想法并认真对待你的文字，那么无论如何你都应该花时间和精力不断修改完善你的作品，使其真正准确地表达你的思想和意图。

　　自问一下：如果一位应聘者在求职信上把你的地址写错，或者出现打字错误，或者把大写 I 写成小写 i，你会怎么想？你很可能会认为这个人懒惰、粗心、没文化。然而，如果你在写作时不对文稿进行检查、修改、校订，那你也会犯同样的错误。这种错误不仅会对公司、品牌以及你的职业造成不良影响，而且意味着读者根本无法领会你的写作意图。只有对写作进行不断的修改校订才能避免这样的错误。

　　是的，这样的错误是可以避免的，前提是你必须谨记这条箴言：写作是个不断修改校订的过程。

　　（顺便说一下，这篇文章我修订了八次才定稿。）

史蒂夫·施特劳斯：畅销书作者。《今日美国》小型商业专栏资深作家。他还运营了一家网站 TheSelfEmployed. com。

## 第五步：内容补漏删冗

　　　　我讨厌在一大堆没用的信息里去费力搜寻我真

正需要的内容。

——引自一位调查受访者

我们大多数人在写东西时都是匆匆忙忙的。这种匆忙的写作可能产生的最大问题就是不能准确地把握写作内容，要么遗漏要么烦冗。写初稿时，你往往会把头脑中想到的东西全部搬到纸上。有时会把不相关的内容写进去，而有时又会把重要的内容漏掉。这种现象在打初稿时很正常；但在最终定稿之前，你一定要补漏删冗，让你的写作内容繁简得当。

遗漏重要的写作内容通常会产生两种可能的后果。一种是读者抓不到重点，读起来云里雾里，最终放弃阅读；另一种则是对方为了找到他想要的信息，不得不反复向你求证确认，对内容刨根问底，因此浪费了双方的时间。

写作内容过于烦冗也会给读者带来很大麻烦。无关的内容过多，会让读者猜疑你的写作目的。如果你文中的信息过于繁杂含混，对方很可能还是会彻底放弃阅读。

写作过程中，要学会对整体内容进行快速浏览和把握，这样能够确保读者获得他们真正想要的信息。

下面让我们来看几个例子：

各位：

　　提醒大家：下周四的培训课程是必须参加的。为达到特许认证合规要求，我们团队所有成员都必须完成多元化培训。

　　如果你上一年没有参加过任何多元化培训，这次必须参加。大家一定要在五月底之前完成培训，否则将影响到我们公司的特许认证。

　　我们已经和对方协商又增加了两期培训课程。请一定选择一个合适的按时参加。如果参加不了，请马上联系我。

　　谢谢。

　　　　　　　　　　　　　　　　莫娜

　　从信中可以看出，莫娜十分关注培训这件事。她要求每个人必须参加，如果有人不参加，后果会很严重。她还非常担心大家会把这件事情搞砸。就是因为太过担心，莫娜忘记了在文中应该写到的一些重要信息，如培训的具体时间和地点。开头她提到了"下周四"，后面又谈到"增加了两期培训课程"，内容含混不清，总体的感觉是令人摸不着头脑。

　　莫娜重新审视自己的邮件，认真思考读者到底需要什么，最重要的信息是什么，怎样才能最有效地传达信息。最后她意识到应该把具体的培训时间加上去。

　　各位：
　　　　为公司取得新的特许认证，我们团队所有成员在五月三十一日前必须完成多元化培训课程。如果你还没完成，现在为你增加两期培训的机会。具体时间为：
　　　　二月十一日：下午两点至三点
　　　　三月二十七日：上午十点至十一点
　　　　如果你不记得你上次培训的时间了，告诉我，我去确认一下。如果这几次的培训你都不能参加，也请马上联系我。培训这件事很重要，我们必须搞定。
　　　　感谢大家！
　　　　　　　　　　　　　　　　　　　　　　莫娜

　　重新检查文章的内容经常会让你一举多得。莫娜在经过一番思考以后，不仅在文中加入了读者需要的信息，即培训的具体时间，而且还对原文中多余的内容进行了删减。另外，她还在邮件的最开始就提到了特许认证的事情，让对方意识到了问题的紧要性。

写作内容过于烦冗同样是个大问题。这个问题通常是因为我们在写作时过于关注自己而忽略了读者。改善这种状况同样需要我们对写完的文稿进行重新检查和审阅。

亚力克就职于一家地区银行。现在银行要推出一项新的客户服务计划，拟将更多的客户纳入精英支票存款账户名录中。目前，各支行都按照常规做法向客户提供标准支票存款账户服务。结果，许多客户达到了账户升级的标准却没有升级，导致存款收益的损失，有些人甚至还白白损失了手续费。因此亚力克起草了一份备忘录，向支行的柜员出纳和其他相关人员介绍这项新的计划。初稿如下：

大家好！

今天，我在这里向大家宣布麦克西银行一个激动人心的新项目——精英明星计划。作为此计划的一部分，我们拟将百分之二十以上的新客户纳入精英支票存款账户名录中，把百分之二十的现有客户从标准支票存款账户升级到精英账户。

通过整个地区性调研，我们估算有百分之三十

的现有客户已满足账户日结存条件，有资格从标准
支票存款账户升级为精英账户。约百分之二十五的
新客户也应该纳入精英账户中，以享受更优质的服
务。调查结果表明，我们许多客户都因定级偏低而
没有享受到应有的服务，还损失了精英级账户应得
的收益。他们经常会被收取额外的服务费，而精英
级账户则是没有的。对此，我们各个支行都收到了
一系列的客户意见和投诉。我们初步估算，将符合
要求的客户进行账户升级能够减少百分之三十的客
户投诉。服务费的减免使得客户更愿意参与银行其
他业务，如信用卡、住房贷款、抵押贷款以及各种
金融产品，而银行在服务费上的损失完全可以通过
这些来抵消。

在接下来的几周里，我们将对支行员工进行培
训，以更快地锁定符合条件的精英级客户并将其纳入
此项目中来。敬请大家关注此项目的更多相关信息。

亚力克把写好的备忘录放了一天，第二天回来重新
检查。读完一遍后，他发现中间那一段内容源于他那天
参加的一个会议。他把会上内容全部记下来并写入了这
份备忘录，可实际上这些内容对读者并没有什么用。全

文篇幅过长，读起来烦冗乏味。事实上，文中的一些信息，比如银行服务费损失靠客户其他业务抵消那部分内容，亚力克最好不要向支行员工透露，因为这很有可能会传到客户耳朵里。他当然不想这样，这属于银行内部信息，不宜对外泄露。但不管怎样，亚力克确实想要把这个新项目解释清楚，因为人们只有对整件事有了充分的了解才能做得更好。

下面是亚力克修改后的版本：

大家好！

今天，我在这里向大家宣布麦克西银行一个激动人心的新项目——精英明星计划。作为此计划的一部分，我们拟将百分之二十以上的新客户纳入精英支票存款账户名录中，把百分之二十的现有客户从标准支票存款账户升级到精英账户。

调查结果显示，我们许多现有标准级别的客户完全符合精英级别的要求，可是因为未升级，他们损失了很多应有的收益，包括免费支票、透支保护以及结存利息等。我们希望这些客户能够从麦克西银行获取最大的利益。

在接下来的几周里，我们将开展项目培训，帮助你们更快地锁定符合条件的精英级客户并为他们及时开立相应的账户。敬请大家关注此项目的更多相关信息。

在修改稿中，亚力克删去了中间那部分的具体数据和前因后果，取而代之的是一小段能与读者产生共鸣的清晰阐述：我们推出这个计划，是要确保我们的客户在麦克西银行享受到最好的服务体验。在这个案例中，简洁的内容使信息得到了更有效的传达。

## 通过列提纲来确定写作内容

不是所有人都喜欢在写作的时候列提纲。如果你写的内容非常简短，列提纲可能没必要。但有时候要写篇幅比较长的文书，通过简要的提纲来建构内容能够确保信息的完整性和阐述的逻辑性。提纲不一定要非常复杂，它可以是一个简单的内容标题的列表，你在写作时按照适当的逻辑顺序对列表中的各项内容展开论述。

你甚至可以在完成初稿后再列提纲，通过这个提纲去检查文章内容是否恰当合理。这种完稿后再列提纲的方法被称为"逆向提纲法"。我们来看看上面莫娜的两稿邮件的逆向提纲。

**原稿:**

❖ 为达到特许认证合规要求，必须进行多元化培训。

❖ 你必须在一年之内参加一次多元化培训，否则公司的特许认证会受影响。

❖ 如果你还没参加过，那必须在今年剩下的两期培训中选择一次参加。

❖ 有问题联系我。

**修改稿:**

❖ 所有人都必须参加培训，否则我们将拿不到新的特许认证。现在你还有机会。

❖ 新增的两期培训的具体时间。

❖ 我可以协助你完成培训任务。有问题找我。

❖ 我们必须把这件事情搞定。

可以看出，在修改稿中，莫娜不是仅仅把遗漏的信息（两期培训的具体时间）加上去而已，她还重新建构了文章的内容框架，让读者感觉更加清晰有条理。

列个简单的提纲可能是小事一桩，但它却能让你的文章内容和写作质量出现很大的改观。

## 如何对写作内容准确把握

如果你是**规划型**写作者，你应该根据第一步"明确写作意图"和第二步"针对读者而写"的要求对你的写作内容进行认真思考。回答以下问题：

应该写哪些内容才能实现我的写作目的？

读者想要什么样的内容？

如果你是**校订型**写作者，一定要在修改文稿的过程中仔细对写作内容进行检查。内容烦冗通常是因为你把头脑中反复思忖的东西全部搬到纸面上，而没有真正考虑读者的需求。有时候把想法完全付诸笔端会有利于你对某件事的思考，但是如果这些内容对你的读者毫无意义，那你就应该及时将其从文中删掉。如果你已经完稿，一定要返回去通读全文。在心中列出检查的问题，依此逐条审阅文中的内容：

这是读者想要的所有信息吗？

读者真正需要这些内容吗？

无论你是哪种类型的写作者，在文稿发出去之前务必检查一下，以确保能够真正满足读者的需求。

### 小结：内容补漏删冗

❖ 在动笔或发稿之前，思考一个问题：我想让读者做什么？

❖ 然后问自己：我在文中为读者提供的信息够充分吗？我是不是把他们不需要的内容也写了进去？

❖ 带着这些问题重新检查修改你的文稿。

对写作内容把握到位以后，我们下面接着来探讨一下如何让你的语言文字清晰易懂。

## 第六步：语言通俗易懂

写作中的"机构文风"一直大行其道，受此困扰，我深感沮丧。这种文风在公司里盛行，典型的特征是句式冗长、结构繁复，写作口吻过于官方刻板、无人情味。这种风格不能有效地激发读者兴趣，不能达到很好的沟通效果。刻板冷漠的文字风格往往会令读者非常不愉快，认为作者太过专断甚至充满敌意。

——引自一位调查受访者

商务写作经常被人指责行话术语充斥、语言晦涩难懂。而当前这种商务性的公司语言很多都来源于其他行业和领域，如军事、体育、法律等，主要是受最新的管理思维趋势影响。很多商务人士愿意把商场比作战场，因此他们乐于在商务场合使用军事性或与军事相关的特殊语言。一些商务人士把自己比作运动员，所以跟体育相关的隐喻性商务词汇出现了。由于商务和法律一直存在着密切的关系，商务英语又出现了一个极其糟糕的现象，那就是模仿法律文风。这种文风看上去很正式权威，但却严重影响了写作的意思表达。

抵制这种晦涩文风的声音早在二十世纪七十年代就出现了。最初提倡通俗英语运动的兴起，主要是为反对墨守成规艰涩难懂的政府文书写作。一九七七年，纽约州通过法律，要求在消费合同和租赁协议中必须使用通俗简明的英语。次年，吉米·卡特总统签署两项行政命令，要求政府法令法规的文字必须通俗易懂。类似的立法在其他英语国家也都相继出现。

而在商业领域，一直没有相应的法律来禁止使用这种晦涩难懂、术语充斥的写作文风。那么就只能靠我们自己来把控了。如果你的写作语言通俗易懂简洁明了，那你的文章一定会清新脱俗、大受欢迎。

## 使用行话术语

行话术语有两种。一种是你所在行业特有的专门语言：各种缩略语、简略词以及只有业内人士才能明白的简化专有词汇。

*Will the ASB be ready in time for SteerCo? If not, I suggest we prioritize the alpha of ITB so the team can review it prior to the launch of ELF.*（水上目标搜索雷达能够按时提交指导委员会吗？如果不能，我建议优先考虑综合测试模块的 α 版本，这样团队成员就可以在电子定位器发布之前对其进行审核。）

几乎每个人在工作中都写过类似风格的文字，大多数情况下是没有问题的。可有时候这样写却不行。当你在圈外大量使用这种术语，人们根本看不懂，那你的文字将成为沟通的障碍。尤其是在写商务提案的时候，这种语言会使对方感到无比困惑气恼，从而产生疏远和距离感。

另一种术语是很多人都特别爱用的商务流行词和俗套表达法，如 moving the needle（有所改变）、circling back（搁置再议）、drilling down（深入探讨）等。过多地使用这类词语，即使对方能够读懂，也会影响你的写作效果。文章中使用太多此类术语会让对方觉得你很不认真，好像你并没有用心准确地表达你的意思。

下面这些词汇和短语你在工作中见过多少？

Actionable（可提起诉讼的，可执行的）

Blue-sky thinking（天马行空的想法）

Aligning（校准）

Boiling the ocean（好高骛远，做无用功）

At the end of the day（最终，到头来）

Boots on the ground（脚踏实地，大量人力）

Bandwidth（带宽）

Deep dive（深潜，深入挖掘）

Best practice（最佳做法）

Delta（取"变量"之意）

Disruptive（颠覆性的）

Reaching out（交往接触，伸出援手）

Game changer（游戏规则改变者）

Reality check（审视现实，现状分析）

Going forward（前进）

Strategic（战略性的）

Hard-baked solutions（成熟的解决方案）

Synergy（协同作用）

Impactful（影响深远的）

Taking the pulse（把脉，观察，审视）

Iterate（迭代）

Thought shower（头脑风暴）

Leading-edge（尖端的，前沿的）

Tools（工具）

Leverage（杠杆作用，影响力）

Touching base（保持联系）

Low-hanging fruit（容易实现的目标）

2.0（2.0版本）

Moving the ball forward（推动进展）

Upskill（提高技能）

No-regrets move（无悔之举）

Value add（增值，附加值）

Popping the bubbles（戳破泡沫）

Warning shot（警告）

Quick win（速战速决）

　　我相信还远不止这些。可以看出，这类短语大多是暗喻，当分开单独去理解的时候感觉会很滑稽。一旦作者搞不清楚这些暗喻手法，会变得很可笑，结果往往是荒谬至极：

*Have you noticed that the farther you move toward fulfilling your potential, the higher the needle moves forward?*（你是否注意到随着自己的潜力发挥得越来越充分，取得的进展也越来越大？）

　　等等，指针（needle）朝哪个方向走？向上还是向前（the needle moves forward）？这个例子很是愚蠢和荒唐，但它却是真实的。它告诉我们，当人们在写作中过多依赖这类词汇的时候，他们的大脑会停止思考。记住，少在文中使用这类术语，你的写作会变得与众不同，令人耳目一新。

**修改前：**

*Going forward, we should drill down into actionable initiatives rather than blue-sky thinking.*（展望前路，我们应该深入探讨具有可行性的做法而不是天马行空的

想象。)

**修改后：**

*In the future, we should focus on initiatives that we can actually implement rather than unproven ideas.*（未来，我们应该专注于那些切实的行动而不是虚无的想法。)

**修改前：**

*At the end of the day, we can advance by targeting quick wins and low-hanging fruit in the market.*（最终，我们还是要通过在市场上针对那些比较容易实现的目标速战速决而取胜。)

**修改后：**

*Ultimately, we'll succeed if we focus on easily achievable goals.*（最终，只要盯紧那些比较容易实现的目标，我们就能够取胜。)

你会发现，上面两个例子的修改不仅去掉了原文中那些不恰当的术语，而且将整个句子都改得更加具体和通俗易懂。修改后的句子观点明确、意思清楚。我们真的要坚持目前的做法而不去另辟蹊径吗？当前着眼于易于实现的目标是正确的选择吗？当你剥离晦涩老套的行话，找出这些问题的答案，句子也就变得更加容易理解和便于探讨了。

## 刻意使用复杂烦冗的语言

在第四步"文字简洁明了"中，我们已经探讨了写作中刻意使用复杂短语的误区。当时我们关注的是如何节约篇幅和提高写作效率。现在我们讨论的是另外一个问题，即使用过于复杂烦冗的语言对沟通效果的影响。

我所说的"复杂烦冗"是什么意思呢？来看一些例子：

Utilize = use（利用，使用）

With regard to = about（关于）

Initiate = start（开始）

Regarding = about（关于）

Subsequent to = after（在……之后）

At this time = now（现在）

Prior to = before（在……之前）

At this point in time = now（现在）

In light of the fact that = because or since（因为）

By means of = by（通过）

In the event that = if（如果，在……情况下）

In accordance with.= under, by（根据）

In close proximity = near（接近）

In order to = to（为了）

In the near future = soon（不久）

In the absence of = without（没有）

With reference to = about（关于）

In cases when = when（当……时候）

　　这里基本的模式就是用比较长的词汇或短语取代简单短小的词。和前面讲的行话术语一样，作者使用这样的语言进行写作似乎是为了让自己显得更加聪明、严肃或专业。表示"开始"做某事，为何不用 initiate（启动）而仅用简单的 begin（开始）呢？表示"使用、利用"某物，为何不用 utilize（利用）而只用 use（使用）呢？

　　你会发现，这种复杂的表达法很多都是介词短语的形式，而介词短语正是我们在第四步中讨论过的。认识到这一点，对提升你的写作技能会很有帮助。

　　将语言文字刻意复杂化的现象在商务场合随处可见，甚至都已经渗透到客服行业。商场的收银员叫下一位顾客，不说 next（下一个），而要说 following（后面一位），好像多了几个音节就显得他们的服务更加优质似的。

当然，商场并不是通过把 next 换成 following 就可以在服务质量上大打折扣来欺骗消费者。同样，你在写作中使用复杂烦冗的词汇也不是想欺骗任何人。但实际上，简洁明晰的写作文风更能打动读者。我们来看一些例子：

**修改前：**

*In the absence of relevant performance data, we are unable to make an appropriate recommendation for an alternative software solution.*（由于相关运行数据的缺乏，我们无法对更换新的软件提出合适的建议。）

**修改后：**

*Without performance data, we cannot recommend alternative software.*（没有运行数据，我们无法推荐新的软件。）

**修改前：**

*In the event that you encounter a program error, utilize the indicated button on your screen to restart the program.*（在遇到程序错误的情况下，使用屏幕上指定的按键重新

启动程序。）

**修改后：**

*If the program crashes, click the Restart button.*（如果程序出错，请点击重启键。）

**修改前：**

*At this point in time, we lack sufficient desk and seating arrangements to accommodate a full complement of staff in the office on a daily basis.*（现在这个时候，我们缺少足够的桌椅来满足全部员工每天来办公室上班的需求。）

**修改后：**

*Right now, we don't have enough desks for everyone to come into the office every day.*（目前，我们没有足够的办公桌来让所有人每天到办公室上班。）

## 可是大家都这样写

你也许认为这没什么大不了，很多人都是这样写作的，商务写作就应该是这样。如果大家都这样写，那么他们就能读懂你的意思，不是吗？所以，能有什么问题呢?

　　事实上,有两个问题。第一,并不是所有人都能读懂这样的文字。如果你太过沉迷于行话术语和复杂语言的使用,你写出来的东西可能真的艰涩难懂。以下面的句子为例:

*A strong risk identification process casts a broad net that captures all key risks and then drills down within the major risks to understand root causes.*(有力的风险识别程序能够网罗所有主要的风险并且能够深入风险内部进行研究从而挖掘出其产生的根源。)

　　什么意思?

　　如果你不是一名风险分析顾问,想理解这句话到底想表达什么意思,那你就要费很大的力气仔细琢磨一番了。实际上这句话的意思是:

*A strong risk identification process helps you understand the key risks and their causes.*(有力的风险识别程序可以帮你了解主要风险及其产生原因。)

这个"解读"可能有点儿太不正式了，但它用非常简单清晰的词语表达了原文的意思。

第二个问题是，这种文风会显得作者水平很低。有意思的是，大多数人这样写作是为了让自己显得很聪明，然后就不去认真地思考。可我一直认为这种写作风格会使作者显得很愚蠢而非聪明。事实上，不止我一个人这样认为，有研究表明确实如此。卡内基梅隆大学心理学家丹尼尔·奥本海默在论文《刻意使用深奥方言行话的效果研究：使用无用的冗长字句的问题》中指出，使用无用的冗长字句和使用简单字句的人相比较，读者会认为前者比较愚笨而后者比较智慧。[①]在接受二〇〇六年搞笑诺贝尔文学奖时，奥本海默教授解释道："很重要的一点需要指出，这个研究针对的不是使用冗长字句的问题，而是刻意使用无意义的冗长字句的问题。"他总结说："有一点是肯定的：尽量让你的语言简单明了通俗易懂，这样大家会认为你更聪明更智慧。"[②]

此外，我觉得这种文风不仅仅是让作者**显得**很不聪明，长期这样写作会使其真正**变得**很愚蠢。我没有对此

---

① 《应用认知心理学》第 20 期（2006 年）：第 139—156 页；https://www.affiliateresources.org/pdf/ConsequencesErudite.pdf。
② 《打动读者的写作秘诀？通俗易懂》；https://www.sciencedaily.com/releases/2005/10/051031075447.htm。

做过研究，但我认为如果你的词汇量很有限，那么思路就会受限。如果你的想法只是固有的思维定式，那么你能够真正解放思想独立思考吗？我觉得这就像是 GPS 导航系统：当你长期使用它，你就会失去自身的方向感，我们天生的导航能力也会慢慢地被磨蚀掉。因此，学会用简洁明晰的方式去写作，实际上也是对你思维能力的一种锻炼。

当身边所有人都用这种方式进行沟通的时候，你自然也想融入去适应这种方式。当然，各行各业都有自己的特殊词汇，但是不要忘了还有一个沟通的语气和口吻的问题。我们通常就是无意识地接纳并采用了这种行业口吻。主动去适应这种交流方式没有问题，有问题的是"无意识"地接纳和采用。因此，当你逐渐融入的时候，你会发现最终你的沟通语气听上去俨然成了你身边的那些人。然而只要对自己有信心，你是可以勇敢地做回自己的。能够运用清晰利落的口吻与他人沟通，你一定会在团队里变得优秀出众。这将成为你的一笔财富。人们看到你的文字语言清晰明了，就会认为你的思维也是清晰敏捷的。那些写作中晦涩的商业行话未必能让你显得更聪明，摆脱那些行话术语和烦冗字句，让你的写作简明易懂，这样更能彰显你的智慧。

## 你最爱用的"口头禅"

每个人都有自己最喜欢的东西：食物、衣服、电影……还有语言。你可能会发现自己对某些词语情有独钟，一遍又一遍地用，成为"口头禅"。我以前有个客户，他的"口头禅"是 foundational（基础的，本质上的），从早晨起床开始他的话里就不停地出现这个词。他似乎完全没有意识到这个词在自己口中出现的频率有多高。

这样有什么不好呢？其一，当你高频度地使用一个词时，人们会注意到这个词，并会关注你是否一再重复使用它。其二，沟通中过度依赖某个词会影响你的思维方式。语言交流中走捷径直接反映出你的思维也在走捷径。当你对某些词不自觉地反复使用，你的词汇量就会逐渐缩减，你感知这个世界的方式也在随之减少。我那个客户所关注的所有事物都是最根本的（foundational）吗？有时候他用这个词是想表达 seminal（开创性的，有重大影响的）的意思，有时是 original（最初的，新颖的），还有时是 important（重要的）。他反复使用一个词，结果使他想表达的几个不同意思都混为一谈；而他的思维，至少在这个方面，已经显得有些迟钝了。

你有"口头禅"吗？有必要注意一下自己在沟通中是否已经无意识地过分依赖某个词而当成"口头禅"了。改掉这种语言习惯，可以让你的思维模式更加明晰和具有创新性。

## 如何让写作语言通俗易懂

在商务写作中摒弃商业行话术语真的很难。如果你是**规划型**的写作者，喜欢在写作之前先列个提纲或摘要，有个小技巧可以让你的语言从一开始就简洁明了、通俗易懂：向你的奶奶解释一下你的文章思路和概念。这个方法对突破写作瓶颈（见下文）很有效，同时也能帮你使用简明通俗的语言进行文字表达。你的奶奶也许根本不懂 moving the needle（有所改变）是什么意思；如果你用 initiate（启动）表达开始做某事，而不是用 start（开始），她或许会嘲笑你。让奶奶充当你的目标读者，可以解决如何用简明的语言进行写作的问题。

如果你是**校订型**写作者，喜欢对文稿不断地订正修改，那么也可以找奶奶来帮忙。当你审阅草稿时，假想奶奶就坐在旁边。看看文稿里有没有一些地方会让她感到吃惊、疑惑或者摇头表示不解。如果有，删掉它，改成通俗易懂的文字。

很显然，你并不一定非得让奶奶来充当你的阅读者，她只是一个例子，代表那些头脑清楚而且不喜欢读过分华丽烦冗文字的人。她能够感同身受并且关注你要表达的思想，但是她希望能够读懂你的语言。你可以选择任何你喜欢的人当目标读者，让这些人从不同的视角审视你的文字，最终使你的写作清晰明了、通俗易懂。

### 警惕"修改疲劳"

你的文字每修改一次，就增加了一次产生新的错误的可能，而电子版文稿的修改使得这种可能性更大。尤其是当你很忙碌的时候，疏忽大意导致的错误很容易在修改稿中出现。这种情况经常是由于对语句的局部修改所致：

*I will be in the London next week.*（我下周会在伦敦。）

作者最初写的是 I will be in the U.K. next week（我下周会在英国），然后想更具体一些把地点改成 London（伦敦）。但是她忘了去掉 the，结果出现了上面的错误。

利用跟踪批注的方式修改文章会产生另一种风险：

你的文本上面挤满了各种修改批注痕迹——删除线、不同颜色的加注等，使得你很难看清楚修改后的版本到底是什么样子的。点击修改确认后，你可能会不经意间看到下面这样的句子：

*Tom Stevens and Karen Washington will lead consolidation efforts in the Midwest and regional strategy leadership and provide leadership in strategy in the region.*（汤姆·史蒂文斯和卡伦·华盛顿将负责中西部地区的整合工作以及地区性战略领导以及领导该地区的战略管理。）

通过跟踪批注显示，语句的修改已经完成，没有问题了。可确认修改后，却发现有些地方并没有完全改好，需要进一步修订。结果就出现了上面的奇怪修改稿。

文字修改，尤其是反复多次的修改，会产生"修改疲劳"的现象，反而导致更多的失误。无论工作多么紧张忙碌，也不管你多么疲惫或不情愿，请你在定稿前一定对文字再做最后一次检查，找出所有无意中犯下的不起眼的小错误。如果你觉得太多次的修改订正已经让你看花了眼而不能及时发现问题了，请同事帮忙快速通读一下全文，扫除最后一点儿文字瑕疵。

## 小结：语言通俗易懂

❖ 使用简明平实的语言写作会让你的文字清晰明了、通俗易懂、效果更好。

❖ 避免过多使用晦涩的行话术语以及刻意使用复杂烦冗的字句。

❖ 为实现写作中语言通俗易懂的目的，可以让你的奶奶或其他非商务人士充当你的读者，想办法让这位假想的沟通对象读懂你的文字。

## 第七步：及时检查修正

> 如果人们完稿后在点击发送之前再稍微停下来想一想，也许会避免很多严重的后果以及时间的浪费。
>
> ——引自一位调查受访者

无论是简短的电子邮件，还是篇幅较长的商务提案，你是否曾经在写作完稿后感觉哪里有些不对劲？这种感觉并不好，但却很普遍。大多数人这个时候都会内心纠结一会儿，或许再匆匆扫一眼文稿，努力消除这种不好的感觉，最终还是把稿子发送出去。在这里，我建议大家不要这样做。正确的做法是，花一点儿时间检查一下，到底是什么问题让你有这种感觉，然后解决问题。你自己都没有信心的稿件，千万不要发出去。

如何对你写完的稿件进行检查呢？让我们来看一个简单的方法。

首先，按照写作七步法则的前六个步骤快速审查一下。

1. 明确写作意图

2. 针对读者而写

3. 开篇明确有力

4. 文字简洁明了

5. 内容补漏删冗

6. 语言通俗易懂

尤其要仔细地对照第一步和第二步——这两步在实际写作过程中往往比较难；有时候只要明确了写作意图并且准确分析了目标读者，文中出现的所有问题都能够迎刃而解。第五步"内容补漏删冗"也值得特别关注。我们经常会在完稿后对文章的内容进行衡量和思忖：写的内容太多了还是太少了？

你的文稿还有哪些方面可能会让你感到不安呢？

## 机密信息

你之所以感到不安，或许是因为你在文章中写了不该写的东西。文中是否出现有损公司或个人利益的信息？文字内容若公之于众会有什么后果？如果这些想法让你很不放心，或许你应该修改一下原稿了。

## 承诺和保证

你是否做了过分承诺？你是否承诺了你不一定能做到的事情？如果是，你的原稿需要修改。

## 政治问题

你写的文字中是否包含政治不正确的内容？无论是对自己还是他人，你是否评判言论过多？是否不明智地指责他人？是否在该不该和某人站在一起的问题上判断失误？工作中的政治问题是很微妙的。如果你很仓促地完成写作，那很可能没有对此进行准确把握。花点儿时间好好思考一下你的立场，必要的时候对稿件进行及时修改。

## 标点符号

不要觉得好笑。有谁会对逗号的使用规则记得十分清楚呢？没有人。我们大多数人都忘记了标点符号的使用规则，假设我们曾经学过的话。而对标点使用不当的担心会让那些优秀的写作者对自己的写作缺乏安全感。解决这个问题，有个很简单的方法：重新回顾标点符号规则，确保你的标点使用正确。解决标点符号的问题可以帮你增强写作的信心，不要让标点符号影响你的写作情绪。

## 偷懒怠慢

写作中偷懒怠慢的问题即使是那些最认真谨慎的人也会时不时地出现。这种问题在文稿中，可能会表现为文章内容烦冗、思路混乱、缺乏逻辑性等。不用担心——这就是为什么我们要把写作过程分成好多步骤而且不断地对文稿进行检查修正，就是要让你在发出终稿之前发现问题、解决问题。重新检查你的文稿，花点儿心思去认真修订，确保你最终发出去的文件思路清晰、内容完整。

## 语气和口吻

很多时候，我们会发现自己的文章"读起来感觉不对"，而问题就在于写作的语气和口吻。优秀的口常商务写作的语气都是友好而且专业的。

一下笔就能找到准确的写作语气并不是很容易。特别要注意两点：你和读者的关系、话题的重要性（包括最紧要的问题）。

根据这两点来检查你的文稿，可以帮你修正不恰当的写作语气。

在大多数公司里商务沟通的口吻都是比较随便的，但没有随便到像私人聊天一样。检查你的文稿，确保它的语气适合工作场合，即没有大量的文字缩写和太过不正式的表达，等等。（了解更多，参阅后文"这种语气合适吗？"）

综上所述，我们可以看出，文稿在发出之前感觉有问题的原因可能有很多。我们通过儿个例子来看看文件在最终发送之前是如何进行及时检查和修正的。

特丽，您好！

麻烦您将阿里斯会议开闭幕的标题字幕以mov文件的格式发给我看看，可以吗？我们现在又多出几个视频，需要进行内部编辑。另外，我们正在按照想要的风格完成一个视频样本，希望您能给予一些指点。这个项目我是从肖恩那里接手的。

对了，我顺便把沃尔斯项目文件放在 Dropbox 网盘最后那个文件夹里了。

谢谢。

贾里德

在邮件中和特丽谈阿里斯项目的时候，贾里德突然意识到自己还想和她分享一下沃尔斯项目的文件，所以他就在邮件的末尾把这个信息加上去了。这种临时起意添加内容在写作中很常见，但与此同时读者也经常会忽略这样的内容。在邮件的末尾提及与主题不相关的话题，很大的一个问题是对方很可能会忽视或错过。而且这也给对方日后按照主题对邮件进行分类查询造成了困难。在这种情况下，贾里德最好再给特丽发一封邮件，单独说一下沃尔斯项目文件的事。

下面这个例子更复杂一些：

你好，明！

如果项目再有什么情况，敬请直接和我联系。

大卫和乔恩还没有完成全部分析工作就把项目移交给了我们，所以昨天你写邮件给他以后，他还是联系了我，随后艾米我们两个人查到了你需要的信息。后面你可能还会需要其他信息，请随时直接与我联系。

　　祝好。

布兰登

　　布兰登的语气听起来有些尖刻，这封邮件没有展示出他应有的解决问题的机敏和圆滑。布兰登想告诉明，大卫和乔恩没有完成全部工作，使得他和艾米不得不去收拾他们留下的烂摊子；以后关于项目的信息，明就不用再和大卫联系了。他对这件事很不满意，他想让明知道这一点。可事实上，当布兰登重读这封邮件的时候，他意识到自己把问题都归罪于大卫和乔恩了，语气听上去比较消极对抗。初稿读起来的确不是很舒服，所以布兰登进行了修改。

　　你好，明！

　　如果项目再有什么情况，敬请直接和我联系。昨天在为你查询信息时，我和艾米两个人已经谈过了，我们一致认为后面可能还会有其他的信息缺口。如果到时能够帮上忙，为你查到所需的信息，我们会非常开心。

祝好。

布兰登

在邮件修改稿中，布兰登把他的意思传达清楚了：他和艾米帮助明查到了他想要的信息；项目实际上还没有完成；现在布兰登是项目的负责人。而且他在文中没有很明显地怪罪大卫和乔恩。邮件结尾，布兰登还做出了十分友好的表示。

下面再来看一个初稿有问题的例子：

艾莉森：

感谢来函。我们应该能够在六月二日之前把那批货发给您的客户。保持联系。

玛丽亚

玛丽亚检查邮件初稿，感觉有些不安。她发现文中信息不是很明确，而且没有把真正想说的事情向艾莉森说清楚。她同时意识到，自己的表述不清将来很可能会带来问题和麻烦，所以决定修改。


艾莉森：

　　感谢来函。我将尽力争取在六月二日之前把那批货发给您的客户。不过，在您之前还有两个很大的订单需要发货，所以我不敢保证会很快将您的货物发出。您的客户可以接受一半货物在二号之前发出而另一半发货在两周后吗？就这件事我们可以商讨一下。请给我打电话。

玛丽亚


　　在修改稿中，玛丽亚没有推卸责任而表示出要积极地处理客户发货的事，这也找到了初稿让她不安的原因。她简要地陈述了很可能不能按对方要求的时间发货的理由，并希望艾莉森能和她进一步讨论解决问题的办法。

## 听听同事的意见

　　如果你不是很清楚文稿的问题到底在哪里，而且文中内容也不属于机密信息，这时你可以把它拿给同事看一下。无论什么时候，你拿着自己的文稿向他人寻求意见时，一定要把对方的注意力引到你比较关心或疑虑的地方，这样才能收到比较好的效果。你可以只提个简单的问题："这个初稿总有些地方让我感觉不对劲，你看看怎么样?"但比较具体的问题更能让你得到比较集中明确的反馈。你可以这样问："我在文中漏掉什么了吗?""这个地方我这样处理合适吗?""我写的内容是不是过多了?"

有个好办法，就是在工作中找一个文稿校订伙伴。不但对方可以对你的写作提出意见，你也能对他的作品进行仔细审阅，这些都会让你学到很多。久而久之，你们两个人的写作水平也会同时得到提升。

## 这种语气合适吗

正确的语气很关键，可以避免沟通中的误解，即使没有面部表情和肢体语言也不要紧。

——引自一位调查受访者

当一篇文章读起来感觉不对劲，往往是因为语气有问题。写作的语气就像讲话的腔调。你的行文语气反映出你对读者和文中所述话题的态度，可能是友好的、热情的、恭敬的、顺从的、戏谑的、生硬的、无礼的，或者介于任意两者之间。

在商务写作中，合适的语气可以非常不正式，比如杂货配送服务网站上的介绍；也可以非常正式，比如银行的文书。无论是对外交流还是内部沟通，多数公司的书面沟通语气都能够反映出自身的品牌和价值观。像广告、网站、客户服务这些对外交流的场合，书面语气通常会受有意识的以品牌为导向的决策机制影响；而内部沟通的文字语气往往会自然形成，大家会相互模仿写作风格。

有几个要素可以决定你的写作语气。其一是选词：例如，terrible（糟糕）、very bad（很差）和 not ideal（不理想）这几个词的含义是有差异的。如果你的语气听起来十分强硬，你可能会更换一些词让语气缓和一些。同样，像 awesome（了不起）、successful（很成功）、impressive（令人印象深刻，感人）这些词也会让人产生非常不一样的感受。如果语气太过随便，也可以选择专业一些的词语。

句子长度也会影响文章的语气。过于短小跳跃的句子读起来比较突兀和生硬，而太过复杂的长句则显得比较冷漠和严肃。注意调整句子长短，让你的文字读起来既轻松随意又不失礼貌和尊重。

下面这些建议能让你轻松改变行文语气：

❖ 第二人称（读者）向第一人称（作者）转变：

You didn't send the information（你没有发送那条信息）改成 We haven't received the information（我们没有收到那条信息）。

❖ 考虑删除或更改用词：

He still hasn't finished the analysis（他还没分析完呢）改成 He hasn't finished the analysis（他没分析完呢）。

（still［还，仍然］这个词暗含的意思是：他没有按时完成，他是个偷懒的人。）

We expect to receive...（我们希望能够收到……）改成 We're looking forward to receiving...（我们盼望着收到……）。

（We expect［我们希望］听上去比较生硬专横，而 We're looking forward to［我们盼望着］则更加柔和谦恭。）

写作过程中对自己的行文语气往往很难把握。但如果你总觉得文章的语气读起来有些不对劲，那么你的感觉很可能是正确的。如果总是找不到合适的写作口吻，请同事帮忙读读你的文稿，听听他们的反馈意见。

## 遵循公司格式规范指南

很多对书面沟通很重视的公司都有自己的格式规范指南供员工们参照。这些指南形式各异，但总的目标都是确保公司内部人员沟通交流形式的统一性。

不同的格式规范指南具有不同的指导意义。图像格式规范侧重于展示图像资料使用的字体、颜色以及公司标识等，而文字格式规范则旨在保持公司品牌形象的一致性。

格式规范指南通常是由公司专门制定的。比如，在书面函电中可以用公司名简称还是只能拼写全称？公司职员的头衔如何正确使用？职位名称需不需要大写？公司产品和服务的准确名称是什么？对公司的客户如何称呼？用 clients（客户）还是 customers（顾客）？客户的名字是否可以缩写？这些指导性的规范在公司的公众形象不明朗的时候显得尤其重要，比如在企业并购期间或品牌重塑阶段。

格式规范指南还会对标点符号和文字书写进行具体说明。牛津逗号该不该用，"网络"用 Internet 还是 internet（是否大写首字母），举例时是用 e.g.（"例如"的简写）还是 for example（例如），等等。

有些指南还对基本的语法和用法进行规范。例如，数字拼写是用文字还是用符号？何时使用双引号？何时使用单引号？如何使用连字符？如果你所在的是一家跨国公司，而公司所在的不同国家对此都有不同的规矩或做法，这样的统一规范就非常有必要了。

完成文稿进行检查的时候，很有必要看看你的公司是否有这样的格式规范指南。如果有，一定严格按照规范执行。一般情况下，你可能不会从头至尾把公司的规范指南读一遍，但是在写作中有些小问题困扰你的时候，很可能会从中找到答案。遵循公司的格式规范不但可以节省你的时间，还可以保持公司品牌声音的一致性。

### 小结：及时检查修正

❖ 如果你觉得你的文稿哪里不对劲，很可能真的是有问题。相信你的直觉。

❖ 为了找到问题所在，应用写作七步法则的前六个步骤逐一检查你的文稿。

❖ 从以下几个方面检查文稿的问题：机密信息、承诺和保证、政治问题、标点符号、偷懒怠慢、语气和口吻。

❖ 请同事帮忙检查你的文稿，听听他们的反馈意见。

## 写作步骤自查清单

无论是在写作过程当中还是已经完成文稿，你都可以使用下面这个简易的写作步骤清单对文章进行逐条自查。

### 写作七步法则——通向商务写作成功之路

**1. 明确写作意图**

你自己一定要明白为什么写，要达到何种写作目的。

**2. 针对读者而写**

重点考虑读者的需求和期望，而不是只关注你自己的想法。你的写作是要吸引读者的注意。

**3. 开篇明确有力**

写好开头，让读者了解你的写作意图，吸引他们继续往下读。

**4. 文字简洁明了**

用最简洁的文字最有效地表述你的观点。

**5. 内容补漏删冗**

对写作内容进行全面快速检查，确保满足读者所需而又无多余信息。

**6. 语言通俗易懂**

行话术语总会不经意地在写作中出现。运用通俗易懂的语言会成为优秀写作的一大亮点。

**7. 及时检查修正**

如果你写的东西读起来感觉哪里不对劲，那也许真的是有问题。在这种情况下，先不要急于发出去，花点儿时间检查一下问题所在，及时修正。

## 写作步骤自查实操：前后效果对比范例

在逐条审视以上各个步骤之后，我们现在看看如何使用这个完整的自查清单来提升你的写作质量。先看一些范例。

### 范例一

玛丽和两位同事在做一个培训项目。她收到了其中一位同事关于项目初期草稿的一些反馈，里面包含了一些视频动画。玛丽随即起草了一份电子邮件，向项目组传达这些信息。

### 原稿

收件人：弗朗西丝卡·威尔逊

抄送：克里斯托弗·汉森

主题：克劳迪娅关于视频动画的反馈意见

大家好！

　　克劳迪娅审查了我们的培训课程，针对视频动画部分，给出以下几点反馈意见：

　　应该将 Internal Revenue（国内税收）改为 IRS（"国内税收"的简写）（不确定在视频动画里是否有这个问题，如果有，应保持前后一致）。

　　Bn（"十亿"的简写）还是 billion（十亿）？（我们两个都在用。）

　　我们是否应该对内容框架各部分进行编号，克里斯？

　　唉，这事还有完没完啊？把你们的想法告诉我。

　　谢谢！

玛丽

### 写作步骤自查清单

　　我们来看看玛丽如何使用写作步骤清单逐条检查上面的邮件草稿。

### 1. 明确写作意图

重新审视这封邮件，玛丽发现，她到底要求弗朗西丝卡和克里斯托弗做什么，文中并没有真正讲清楚。这一点需要修改。玛丽还意识到，如果她能当下给出自己的意见，项目组或许能够更快地解决问题。

### 2. 针对读者而写

玛丽的邮件针对两位读者，但对他们的要求并不相同。文中对克里斯托弗做出了特殊提示，但只是在邮件末尾处轻点了一下，如果对方阅读匆忙很可能会忽略。

### 3. 开篇明确有力

也许是因为写作意图不是很清晰，这封邮件的开篇显得很模糊。玛丽认识到，她应该花点儿时间重新组织一下开头，让读者打开邮件一眼就能明白她的意图和要求。

### 4. 文字简洁明了

玛丽认为她的邮件直入主题，语言也比较简洁。但是她发现，括号中的两个附注句（"不确定在视频动画里是否有这个问题，如果有，应保持前后一致"以及"我们两个都在用"）却是不言而喻的，写在这里完全没有必要。这是一种"有声思维"的产物，应该删除。

### 5.内容补漏删冗

玛丽想起来文中提到的这件事是有一个严格的截止日期的：如果需要对动画进行改动，必须在十月八日（周四）之前通知动画制作公司。项目进度表中对此有明确要求。由于急着将克劳迪娅的意见传达出去，先前她忘记了这一点。现在她准备在邮件的开头把这个信息加进去。

### 6.语言通俗易懂

玛丽觉得她的邮件不存在艰涩的行业术语，语言没有什么问题。我同意这一点。

### 7.及时检查修正

通读邮件全文，玛丽发现文末的一句话"唉，这事还有完没完啊？"读起来让自己感觉很不舒服，相信读者也会深有同感。经过反思，她认为这句话听上去很不专业，所以决定删掉。想发牢骚的话，私下解决才是。

## 修改稿

收件人：弗朗西丝卡·威尔逊；克里斯托弗·汉森

主题：克劳迪娅关于视频动画的反馈意见，十月七日前定稿大家好!

克劳迪娅对我们涉及视频动画部分的培训课程给出了几点意见说明。我的建议附注在后面的括号中,你们看看是否同意,尽快告诉我。**克里斯,你需要解决问题** 3。动画部分如有任何改动,我们要在十月八日(周四)之前发给视频制作公司,因此**请大家务必在十月七日前把意见及时反馈给我**。

应该将 Internal Revenue(国内税收)改为 IRS("国内税收"的简写)(我去确认一下视频动画里是否有这个问题,并做适当修改)。

Bn("十亿"的简写)还是 billion(十亿)?(我们统一使用 billion 吧。)

我们是否应该对内容框架各部分进行编号?(我认为不用,显得太复杂了。克里斯,你觉得呢?)

祝好!

玛丽

## 总结验收

通过写作步骤清单自查,玛丽对原稿进行了卓有成效的修改。修改后的邮件已经不再是模糊不清的信息的简单堆砌了,而成为推进项目进展的一种有效沟通。弗朗西丝卡和克里斯托弗从信件开篇就了解了玛丽的意图和期望，而与此同时，玛丽也给出了一些建议供他们参考。她明确提出了交代给克里斯的任务，同时也运用字体加粗的方式对文中要求大家特别注意的事情进行了重点提示。

## 范例二

杰夫就职于一家蒸蒸日上的技术咨询公司。近来，一些客户反映公司同时为他们的竞争对手提供技术咨询，令他们很是担忧。杰夫的公司坚定地认为他们能够保护客户的商业机密。公司的法律顾问收集了一些建议，便于团队领导层衡量和评判潜在的利益冲突问题。杰夫的任务是把这些建议传达给公司的高级管理层。下面是他写的初稿。

## 原稿

The expectation is that with short, targeted, light-touch interactions with clients (e.g., discussion of tech trends or best practices, walk-throughs of the client's facility, outside-in diagnostics), our teams will not be conflicted from serving competitors. General guidance to team leaders is to delineate conflicts based on the role of the client staff member (and access to data). Ask yourself: Does the staff member have access to confidential information? The criterion we apply in evaluating potential staffing conflicts is whether confidential information acquired by a staff member could materially disadvantage a client in serving another client.

（我们所期望的目标是：通过与客户进行简短的、有针对性的、低干涉式的接触［例如：讨论技术动态或最佳做法、走访检查客户设备以及进行由外而内的技术诊断］，我们的团队不会因服务竞争公司而产生利益冲突。对于团队领导层，总体的指导方针是根据客户团队成员的角色［以及对数据信息的掌握情况］进行衡量从而避免这种冲突。问问自己：我们的团队成员是否能够获取公司的商业机密信息？我们用来衡量潜在冲突的标准就是，我们的员工所掌握的机密信息在服务另一个客户时是否会对原本的客户造成实质上的损害。）

## 写作步骤自查清单

杰夫意识到这份初稿需要修改。我们来看看这份自查清单是如何帮上他的。

### 1. 明确写作意图

杰夫的写作意图是想让收件人了解公司为避免潜在的利益冲突所采取的措施并且要求他们采取行动配合公司。然而他发现邮件原稿中其写作意图并没有清晰明确地表现出来。

### 2. 针对读者而写

杰夫的邮件原本针对的目标读者应该是高级管理层的领导，但是原稿中却没有体现出这种针对性，似乎其写作对象可以是任何人。他在修改时将重新审视读者定位并调整写作内容。

### 3. 开篇明确有力

邮件的开篇显得消极、含混，并且出现很多行话术语。杰夫觉得这样的开头不能吸引读者，而只能使对方失去阅读兴趣。他还认为应该在邮件开头先明确指出邮件是写给谁的，即目标读者。

### 4. 文字简洁明了

啊，天啊！杰夫知道他这封邮件的文字繁复冗长，而且他发现全文的写作口吻很大程度上来源于自己先前和法律顾问的谈话。可事实上，杰夫的这封邮件不是写给律师的，而是给公司管理者，他们需要比较通俗易懂的建议。

到底是什么原因使得原稿显得冗长和杂乱呢？杰夫

列出了两个自查要点：

**Be 动词结构**：检查一下吧！邮件第一句话就是被动语态的形式：The expectation is（所期望的目标是），而且文中出现了很多松散拖沓的 be 动词结构：general guidance... is to（总体的指导方针是），the criterion we apply... is（我们用来衡量……的标准是）。这些都需要修改。

**介词短语**：杰夫在原稿中发现了很多介词短语。有些还可以，但大部分可能需要进行简化处理，如 from serving competitors（因服务竞争公司而产生）、by a staff member（员工所……）（这里同时又是被动结构）、in serving another client（在服务另一个客户时）。

### 5. 内容补漏删冗

在这个阶段，很难看出邮件的内容是否正确和全面。杰夫觉得最好在文中再加入一些相关参考信息，以应读者之需。

### 6. 语言通俗易懂

杰夫发现了一些多余的高频词汇，同时还准备删掉像 light-touch（低干涉式的）这样的表达。另外，像 criterion（标准）这样的词太过正式了，修改后会让语言更加通俗口语化。

## 7. 及时检查修正

在所有这些问题里，尤其让杰夫感到困扰的是，全文没有展现突出的观点和立场。整篇初稿就是他从公司法务和高管层获取的信息的堆砌和拼凑。杰夫想对这些信息内容进一步整合和提炼，用自己的语言写出来。

### 修改稿

Senior team leaders should be aware of some general guidelines for preventing conflicts of interest when serving clients who are competitors. If we take the proper precautions, we expect that team members will not have a conflict of interest in serving competitors. To avoid such conflicts, team members' contact with clients should be limited to short interactions such as discussion of technology trends or best practices, walk-throughs of the client's facility, and outside-in diagnostics. Team members who have more substantial client contact should be assessed on a case-by-case basis, determined by that team member's role and access to data. A team member is likely to have a conflict of interest if s/he has access to confidential information that could be used to a competitor's material disadvantage.

Any questions about conflict of interest should go to Emily Jordan (ejordan@tekxx.com).

（团队的高层领导们应该留意总体的指导方针以避免因服务竞争公司而产生利益冲突。如果采取正确的预防措施，团队成员就不会在服务竞争公司的过程中产生利益冲突问题。为避免这种冲突，他们与客户的联系应该只限于简单的接触，比如讨论技术动态或最佳做法、走访检查客户设备以及进行由外而内的技术诊断等。对于那些跟客户具有更深入联系的员工，也要具体问题具体分析，主要根据他们的团队角色以及对数据的掌握情况进行评判。如果我们的员工掌握的商业机密信息会对竞争公司造成实质性的损害，那么就很可能会出现利益冲突。有关此方面利益冲突的任何问题，请和埃米莉·乔丹联系，她的邮箱是 ejordan@tekxx.com。）

## 总结验收

修改后的文稿让杰夫感觉好多了。写作目的更加明确，对目标读者更有针对性，而且写作的风格也更加直接明了。他觉得这可能并不是最终的版本，但他会发送给领导们传阅，后面再进行必要的修改，从而最终完稿。

## 大声读出你的作品

大多数商务人士都是在笔记本电脑上完成写作，无论是简短的信函还是长篇的文书。他们写完后都会返回去对初稿进行反复检查和修订，直至最终成稿。不幸的是，即使是经过反复修改，你会发现你的文章里还是经常存在不少拼写错误和语法问题。对自己的作品进行校订是非常困难的，因为你对自己写下的每字每句都太熟悉了。当你对其进行检查时，很容易忽略或遗漏其中的错误和问题，自己读起来感觉似乎都很"正确"。

这时，最好的方法是找别人来审阅你的文章。可事实是，我们并不总是有现成的文字编辑为我们审稿。所以，当你只能靠自己修订文章时，最好的办法就是对着电脑屏幕大声把写的东西读出来。这种做法看上去可能有些傻或者尴尬，尤其是有别人在场时，但却十分有效。

将文稿从头至尾一字一句认真仔细地大声朗读出来。在此过程中发现问题就及时更正。为了不漏掉文中每一个小错误和纰漏，你可能要将全文多读上几遍。反复大声朗读，直至所有问题解决为止。到那时，你的作品才算真正完成，你也才能真正对你的写作零差错充满信心。

巴里·莫尔茨：小型企业专家顾问，十分擅长挖掘公司潜力助其起死回生并再现辉煌。

# 商务文书写作类型

本章将具体介绍不同类型的商务文书写作。内容上并非力求面面俱到，而是根据为撰写这本书所做的商务写作问卷调查的结果，甄选了当前商务场合最常用的文书类型进行重点分析和讲解。下面你将看到一些日常基础的商务写作，如电子邮件和即时讯息；也有更加复杂正式的写作类型，如演讲展示稿和新闻通讯稿等。对这些类型的商务文书写作，本章提供了一些相应的方法和技巧，让你学会将七步法则应用到具体文书的写作和修订过程当中去。

## 日常基础篇

### 电子邮件

> 糟糕的电子邮件能毁了我的生活。
>
> ——引自一位调查受访者

如果你问那些商务人士他们从事什么工作，回答会五花八门。可你问他们每天工作都在做什么，答案却可能非常一致：处理电子邮件。对大多数人来说，工作中处理电子邮件就像呼吸一样普通和日常。但是对此我们绝对不能忽视和小觑。

#### 1. 你真的想发电子邮件吗

发送一封电子邮件非常容易，但很多时候这并非明智之举。在下笔之前，先考虑好这封邮件到底应不应该写（见前文"写，还是不写"部分的图表）。在有些情况下，你的正确选择确实是：不应该发邮件。

如果电话能解决问题，就不要发电子邮件。双方为了对信息进行澄清、解释和补充等，需要进行反复的邮件往来，而一个电话可能就可以避免所有这些麻烦。

当你生气的时候，不要发电子邮件。给自己点儿时间冷静冷静，以免邮件发出去后悔莫及。

说到后悔，如果在电子邮件中存在任何对你自己或公司不利的东西，千万不要发出去。如果你知道或者怀疑公司中有人做了一些不合法、不道德、不明智或难堪的事情，也不要写在邮件中。电子邮件不是一种个人行为。在法律程序中它是可以被公开的。太多商务人士对自己写的电子邮件的内容不够在意。因此我们在头条新闻经常会看到由于邮件信息泄露而导致个人和公司被起诉的事件。没有任何借口。如果你不想因为这样的事情上《纽约时报》的头版，就请在下笔之前谨慎而为。还是打电话吧，或者面谈也好。

### 2. 明确邮件写作意图

如果让我对电子邮件的写作提出仅一条建议，那就是：一定要使对方清楚地了解你这封邮件的写作意图。想想看，你是否常常会费尽全力阅读一封长长的邮件却不明白发件人到底想要你做什么？你是否曾经面对一封冗长的邮件不知作者所云而最终放弃阅读？我相信，你不会希望你的收件人在面对你的文字时有相同的体验。

我们读写邮件的时候往往速度都很快，但事实上，如果你能够稍微停下来思考一下，可能会真正节省你的时间。试问自己："我到底想要收件人做什么？"答案可能是你想让他采取某种行动，或者是让他了解某件事情。

不论是哪种情况，都把这个写作意图浓缩成一句话，然后把它放到邮件正文的最上面。这样，你就可以避免很多误会不解以及后续不必要的麻烦。

### 3. 充分考虑邮件阅读者

为邮件的阅读者着想，首先就要做到标题简明具体。好的标题能够让阅读邮件的人把握内容的主次和要点。如果你的邮件特别重要，可以在标题加上"重要"或"需回复"的字样。（关于有效标题写作的更多建议，参见"有效电子邮件的写作技巧和提示"。）

在构思及撰写电子邮件时，要站在对方的角度考虑。对对方可能提出的异议做好准备，并且为对方回复邮件提供有利条件。

### 4. 邮件开篇切中要义

最近一项对上亿封电子邮件进行分析的研究表明，邮件阅读者的注意力持续时间有延长的趋势，这一结果有些出人意料。自二〇一一年至今，一封邮件的平均阅读时长增加了近百分之七。这是一个好消息。而坏消息是，尽管有所增加，但一封邮件的平均阅读时间也只有七秒钟。[1]

---

[1] 查德·S. 怀特：《电子邮件阅读时长的增加》，石蕊软件公司，公司博客网址：https://litmus.com/blog/email-attention-spans-increasing-infographic。

按照阅读者大约十多秒钟的注意力时间计算，你在写邮件时应该把重点放在前三行。如果你指望对方把邮件一读到底而把要求、结论或截止日期等重要内容放在文末，那么邮件的阅读者将会很快失去兴趣，半途而废。

**5. 邮件内容集中精准**

上面提到读者注意力集中的时间很短，这也就要求你的邮件篇幅尽可能简短。将写作内容尽量浓缩成要点，尤其是首发邮件。后续跟进性的邮件信息可以长一些，因为此时的信息往往是对方比较关注和想要的，注意力也会比较集中。

一封邮件只能有一个主题。如果超了，次级主题就很可能被覆盖和忽略。"一封邮件一个主题"这个原则非常有利于日后进行邮件搜索和信息查找，无论对发件人还是收件人都是如此。

**6. 仔细审查修改再发送**

发送电子邮件之前，请检查以下几个要点：

❖ 记住：邮件不属于个人隐私。不要把任何机密信息放在电子邮件中。如果其中包含对自己、同事或者公司不利的内容，要及时删除。

❖ 邮件需要抄送吗？是否真正有必要把邮件抄送给你准备抄送的人？

❖ 如果你要转发邮件，确保其中没有不该分享的内容。尤其是转发一组主题邮件时，从头至尾检查一遍是十分必要的。

❖ 读完你邮件的前几行，对方是否能够明白你的写作意图？

❖ 邮件内容是否足够简洁明了？

## 怎样才能让收件人打开你的邮件并读下去

当发现我的邮件发出去却没有被阅读（读完）的时候，我感到非常受挫。然而同样，我收到邮件后也是如此，直到需要对其回复的时候，我才开始仔细阅读。但是，如果对方没有要求回复或者邮件内容不能激发我的兴趣，那么我永远也不会知道这封邮件是否需要回复，因为我根本没有真正去读它。

——引自一位调查受访者

任何人都不希望自己的邮件发出去却不见任何回复，可我们都经历过这种情况；而且很多人也都曾经因没有及时回复邮件而感到十分愧疚。你发出一封邮件，可对方的收件箱里却有几十封甚至上百封邮件等着他来读。

那么，怎样才能让收件人在这么多的邮件中选择你这一封打开来读下去呢？

首先写好标题。

❖ 主题尽可能具体明确。

❖ 在标题标明对收件人的回复要求（比如："不必答复"或"务必回复"）。

把你的意图和要求放在邮件开头前三行。开头应该包含以下内容：

❖ 主题及要求的提出背景。

❖ 具体的要求或任务。

❖ 任务截止期限（适当情况下提出）。

❖ 能够让收件人有兴趣读完邮件的激发性话题或信息。

对邮件内容进行便于快速阅读的格式编辑。

❖ 如果内容较多，两三行放不下，可采用编号列项方式或写成简短的小段落。

❖ 用字体加粗的形式突出任务截止期限以及任何重要的事件、时间等。

以上几个小技巧会方便收件人阅读你的邮件并进

行回复。时间一长，人们会认为你在商务沟通上十分高效，不轻易浪费他人的时间，同事们也更愿意与你合作。

## 有效电子邮件的写作技巧和提示

当今时代，人们在推特上发送十分简短的即时消息，在脸书上发照片也只附上简单的一句话。这种简捷高效的沟通方式应该在商务邮件的写作中应用。想要抓住收件人的兴趣点和注意力，让他打开你的邮件、完整阅读并给予回复，你就必须使邮件内容尽量简短有效。每个人的收件箱都是满满的，而在这众多的邮件中你希望**你的那封**能被收件人打开并读下去。

如何做到呢？你要通过标题告诉对方你发这封邮件的目的以及你想得到的答复。在标题前插入简短的行动指示，你就可以让对方明白他们读完邮件后应该做什么。下面是几个例子：

❖ **不必答复**：这是要告诉收件人这封邮件只是发布一些信息，不需要对方回复，也不要求对方做什么。收件人收到邮件后可以留到日后再去打开阅读，没有任何强制要求。举例，不必答复：ABC客户接受提案，文件最终定档。

❖ **务必回复：**这要求收件人不仅要阅读，而且需要回复。发件人需要收到对方的回复后才能采取下一步行动。举例，务必回复：ABC 客户谈判要求合同金额降低二百五十美元。

❖ **务必行动：**这是要求收件人在对邮件进行阅读和回复的基础上还要采取一定的行动。如果想强调行动的截止期限，你还可以在标题末尾加上"具体日期＋截止"的形式。举例，务必行动：合同提案最终审核通过——七月十五日截止。

❖ **信息结束( EOM )：**"EOM"全称"End of Message"，指信息结束。当你通过邮件的形式发送一条非常简短的信息时，可能会用到这个提示。收件人不需要阅读邮件正文，也不必做任何回复。事实上，邮件正文中根本没有内容，所有信息都出现在标题里。举例，结束电话——午餐将迟到一刻钟 EOM。

写好电子邮件的标题以后，下一步你需要确保邮件正文内容简洁明了，对方读后能够清晰地了解其中传达的信息和要求。正文篇幅要短，最好不要多于三个段落，每段两到四句话为宜。邮件开头的问候语和末尾的结束语要很专业，落款中你的姓名和头衔也要符合公司的标准和要求。

邮件正文第一段，向对方介绍必要的背景信息。第二段提出问题现状和具体要求。结尾段补充一些未尽事宜以及后续工作安排和意见等。

遵循以上简易提示和技巧，你的邮件发出去，一定能够让收件人迅速打开并乐于读下去，你的电子邮件写作定是成功有效的。

帕蒂·马伦凡特：某财富五百强服务类公司人力资源高管。此公司位于华盛顿特区大都会区。

## 电子邮件写作的礼仪规范

对构建人际关系和传达重要信息来讲，面对面交流是最好的方式。但由于具有高效、便捷和准确等优势，基于文字的书面沟通目前已成为专业人士的第一选择。书面沟通的方式有很多种，但在商务领域，电子邮件仍然是首选。然而，这种沟通方式却存在诸多风险。许许多多的业界精英都遭受过个人的、财务的、身心健康的巨大伤害，而罪魁祸首竟是未经斟酌、草草发出的电子邮件。当然，电子邮件会一直存在。我们怎样才能既发挥这种沟通方式的优势又能保护自身的名誉呢？以下为大家提供一些规范指南。

❖ **坚持一个原则：如果这件事当面不好谈，就不要将其写进邮件。**研究表明，人们面对电脑要比面对面沟通的时候胆子大很多。由于缺乏非言语性线索，人们写进邮件的内容往往看上去更加强硬，更具攻击性。

❖ **正确发送邮件给收件人。**反复检查邮件地址。不是绝对必要，不要群发回复信息。合理使用"密件抄送"，不要让你的第一收件人误以为邮件信息是保密的。

❖ **回复或转发之前，对相关主题邮件进行全面阅读。**在给客户、公司高管、外国人以及你不熟识的人写邮件时，注意使用更为严谨的格式规范和礼节。包括适宜的称呼问候和末尾结语。句式结构正确合理。注意字母大小写和标点符号。

❖ **利用文字去表达含义和情感。**在专业的电子邮件中不要出现各种表情符号。避免全部字母大写，也不能一个大写字母都没有。叠加感叹号、字体加粗、明亮着色、闪烁效果等，这些都应在文中尽量避免。

❖ **对邮件进行仔细检查校对。**可以使用电脑上的语法及拼写自查工具对文字进行校对，但不能单纯依赖。大声朗读写完的邮件，感受语气和口吻是否符合你的预期。

❖ **邮件回复要及时。**如果邮件当天不能回复，最好设置一个自动回复信息"不在办公室"给对方。这样对维持双方关系很有好处。

罗赞·J. 托马斯：马萨诸塞州波士顿 Protocol Advisors 公司创始人兼董事长。著有《现代商务礼仪生存指南》一书。

## 商务请求函

大多数的商务沟通都涉及某种请求或要求。无论是请求对方帮忙还是提醒对方注意，写这一类商务请求函的时候一定要花时间认真酝酿和打磨，不能只是即兴而作。这样不仅有利于实现你的写作意图和目的，从长远的角度看也节省了时间、避免了不必要的麻烦。

### 1. 你想要什么

请求帮忙也好，索要信息也罢，不管是哪种请求函，其最根本的目的只有一个，那就是寻求对方的配合。为此，你必须非常清楚自己想要什么。这听上去似乎简单到可笑，但是你可以想想是否经常收到此类信函，读完之后却让你迷惑不解，根本不知道对方想要你做什么。

所以，如果你的要求还不是很直接很明确，自己一定要在心中先把它搞清楚。请求对方帮助，就要明确到底需要帮什么忙，你需要对方具体怎么做以及什么时候做。

### 2. 了解请求对象

明确了你的具体要求并且清楚地表达出来只是这个有效沟通等式的前半部分，等式后半部分则是充分了解你的请求对象：他对你的请求可能的态度以及如何才能使他答应你的要求。如果能预测他可能的反应，你就能对他可能提出的反对意见做好充分的准备去应对，并且促使他对你的要求给出正面积极的答复。

### 3. 开头明确有力

在请求函的开篇就要尽快提出你的要求，这样可以使对方立即决定是现在就阅读全文还是等日后更有时间和精力的时候再说。

### 4. 完善内容信息

除了要明确表达出你的请求，你还应该尽量提供一些能够帮助对方更快做出决定的有效信息，包括和请求事项相关的必要文件资料等。要让对方明白你是非常希望收到答复的。

解释一下你向对方提出请求的背景和原因，向对方阐述这件事对你的重要性，这些都会促使对方更快更好地答复你。说明一下如果对方答应了你的请求你会如何受益，以及他又会因此得到什么好处。

如果情况允许，你提出的要求里还应该包含一个期限。这个期限一定要十分具体。像"越快越好"这样的说法很容易让对方最终忘掉你的请求。如果时间很紧迫，向对方解释一下原因。了解了其中的原因，人们往往会更加努力争取赶在最后期限之前完成任务。

**5. 仔细检查修改再发送**

你的请求函在发出之前，一定要仔细检查，确保万无一失：

❖ 在文章开头即提出你的要求，而且明确具体，易于对方理解。

❖ 语气要客气礼貌。记住：你是在寻求对方的配合和支持。

❖ 不要对对方及其态度想当然。不要认为对方轻易就能答应你的要求。

❖ 不要忘记向对方表示感谢。

**6. 请求函邮件范例**

收件人：约翰·莫托拉

日期：二〇一九年四月十七日

标题：能否分享一下 BBL 的安装配置？

杰克，你好！

目前我正在为常青树项目做工程方案策划书，想看看你能否将BBL安装的整体配置细节与我分享一下。常青树项目的安装和BBL差不多。我要在四月二十六日前将项目方案提交上去。

我在公司客户关系管理系统上查了查，但许多细节都没有找到。你能给我发个电子邮件或花几分钟给我打个电话吗？

谢谢！

凯尔比

## 接近最后期限时的催促性请求函

当任务的最后期限马上来临，而你仍未收到请求函的任何答复，这时你可以催促一下对方。写这种催促性请求函跟写普通请求函的基本原则是一致的，但会突出以下几个要点，从而引起对方的特别关注。

❖ 修改标题。对这种催促性的请求函，一定要记得修改标题，让对方知道最后期限马上到了。如果你先前的标题写的是"你能提供一下报告的数据吗"，现在可以改成"截止日期到周五：你能提供一下报告的数据吗"或者"特别提醒：你能提供一下报告的数据吗"。

❖ 篇幅要短。催促性请求函要尽量简短，只涵盖对方需要的最重要的信息即可。不要再阐述具体细节。

❖ 承认对方很忙没时间。

❖ 告诉对方你的这个请求为何对你个人或者公司如此重要。

❖ 告诉对方你为何请求他而不是别人：什么事情是只有他能做而别人做不了的?

❖ 重申最后的截止期限，解释其重要性。

❖ 主动提供帮助。看看有什么能够为对方分忧解难的，主动帮忙。

❖ 如果合适，可以提出你对此还会继续跟进，或许会打电话。

❖ 记得表示感谢。

**催促性请求函邮件范例**

收件人：约翰·莫托拉

日期：二〇一九年四月二十三日

标题：截止日期到周五：能否分享一下 BBL 的安装配置?

杰克，你好！

　　还是上次那件事。我想在常青树项目方案中采用你为 BBL 安装的相同的组合配置，这个方案的最后截止日期是二十六日周五。我知道你现在正忙于 JWB 的项目，但你的见解和方案对我们这个项目结项太重要了，仅仅是服务器信息就能产生很大的影响。

　　明天我会给你打电话。

　　感谢你的帮忙！

凯尔比

## 坏消息

　　好消息写起来很容易，而坏消息传达起来却不然。坏消息的写作，很关键的一点是要最大限度地减少给对方带来的消极负面的感受。这就意味着，开篇要给对方一个情感的缓冲——比如表示感谢的话或者赞美之词。但为了避免给对方虚假的希望，紧随其后你应该马上把坏消息陈述出来，写的时候要尽量温和委婉。如果情况允许，你还可以表示遗憾或惋惜，但没必要道歉。如果将来还有可能出现转机，你在陈述这种希望时一定要保守一些，不可许下任何承诺。结尾时表达良好的祝愿。

尊敬的埃里克：

感谢你向我们提交的关于成立特别招聘小组的提案。你的建议提得非常好，但遗憾的是，由于我们这个季度要优先扩大生产线，而且目前还不具备相关资源，所以你的方案暂时还不能得以实施。

公司生产线问题解决后，我们希望能再重新讨论你的建议。后续保持联系。

再次表示感谢。

麦克

## 即时讯息

即时通信或在线聊天这种形式非常简捷快速，就像面对面谈话一样。但与当面谈话不同的是，它是文字性的。所以在使用这种沟通方式的时候也需要谨慎一些。不管你用的是哪种通信或聊天软件，下面这些方法和原则都能让你的信息交流更加及时有效。

### 1. 即时通信这种沟通工具合适吗

即时通信太方便了。它几乎已经成为我们大多数人工作中默认的沟通工具，但是这种沟通方式并不是任何时候都合适。你向同事发送讯息之前，最好先问自己几个问题："我真的需要这种即时性的回复吗？这样会突然打断同事的工作，合适吗？多积攒几个问题放在一起去问，是不是更有效率些？让同事有时间的时候而不是当下立即回复，是不是更好些?"另外，还有必要想想你和同事的沟通记录是以何种方式呈现的。有些通信软件在关机之后可以保存聊天记录，但有些不能。因此，如果你希望能够很容易地保存或获取完整的沟通记录，即时通信这种方式可能不是最好的选择。

**2. 注意你的礼仪风度**

尊重同事，了解对方的在线状态。如果对方显示红色(不在线)，除了绝对紧急的状况不要向他发送消息。也许你的同事正在进行网讯在线或视频会议，不希望屏幕上出现任何干扰信息；也许他正在忙着完成一项工作，非常专注，不想分散注意力。

另外，还需要注意你的语气和口吻。即时通信这种方式很容易让你谈话的语气变得非常随便和不正式。如果你和对方保持一致，那还好；但还是要注意，最好不要和你不太熟的人使用过于随便的口吻进行交流。尤其是你同时打开几个聊天窗口进行同步沟通的时候，要更加小心才是。

不要忘记你是在工作。即时通信会很好玩，但请记住你不是在脸书或图片分享等社交平台上。尊重同事的时间；在群聊或多窗口互动时保持克制；记住，每个人都在努力做好本职工作。

### 3. 注意你的信息内容

即便是在和你十分要好的同事交流，也不要忘记即时通信属于一种正式的商务沟通。这些信息都不是保密的。它属于公司所有，而且很多公司都会对其进行监控。在办公室里公开讲话你可能会十分谨慎，其实在发送即时讯息的时候你也应该如此。一个很流行的即时通信软件曾这样提醒用户："如果你的对话内容在公共电梯里或者人很多的餐馆里是安全的，那才可以在这里讲。"请把握分寸。

### 4. 提升即时通信的使用效率

几个小技巧能够让即时通信变得更有效率。你想要给同事发送一条比较长的信息，先问问对方在不在或者方不方便。不要只是简单地问"在吗"，要具体一些，让对方了解你的主要意图。不要说"嗨！有时间吗"，可以改成："嗨！有时间检查一下 XYZ 协议吗""嗨！有时间帮我看看这份材料吗""嗨！有时间教教我如何使用那个软件吗"。坦诚地说出你想要什么；如果你想和对方讨论一些比较重要的事情，一定要在发送的信息中交代明白，尽量具体一些。

## 演讲展示

全世界每天有三千万份幻灯片演讲展示稿出炉。怎样才能让你的这份令人过目不忘？

### 1. 切中展示意图

为了避免演讲展示中出现跑题的现象，很重要的一点是，你要清楚你到底想通过自己的展示得到什么。你可以练习一下，用一句话来概括整个幻灯片展示的目的，比如：通过这个演讲展示，我想让我的观众明白，我们的方案比竞争公司更有优势，能够更好地满足他们的需求；通过这个展示，我希望在座的观众中能有人提出现场演示的要求；通过这个展示，我想消除在这个项目上的合作障碍；等等。尽量使你的展示目的鲜活而具体，避免大量信息的简单堆砌。你到底想让对方听了你的汇报展示后采取什么**行动**？

### 2. 针对目标观众

在准备每一张幻灯片的时候，都要时刻站在目标观众的角度去考虑。他们想从你的展示中得到什么？他们需要什么样的信息？如果是你坐在下面从头至尾听完会有什么感受？怎样才能让每张幻灯片简单易懂而又能够突出你的观点？整个展示的准备过程，必须建立在你对目标观众需求充分了解的基础之上。

### 3. 开场锁定注意力

演讲展示的开场是非常关键的。展示开始的时候，大家的注意力都非常集中。没有人感到枯燥无聊，没有人被电话干扰，也没有人坐在这里心中却总是惦记着未做完的工作。利用这个时候开场，向你的观众介绍演讲展示的主要内容。开头插入一张幻灯片列出内容提纲，在整个展示过程中随时切回这一页，可以实现各部分内容间很好的过渡，引导观众集中精神和注意力。

### 4. 展示内容要精练

在准备幻灯片的时候，演讲者总是有一种强烈的冲动，想把所有内容都放进去。已经有研究表明，对于一个二十页的幻灯片展示，人们能记住的只有其中四页。[①]如果你正在全身心地收集信息准备展示，听到这个数据的确会让你有些失望和沮丧。不过，从战略的角度讲，了解这一点却是好事。你在做展示的时候，就可以尽量避免大量堆砌信息和事实，而是要选择几个你希望观众们记住的要点，整个展示内容围绕这几个点展开。把你的幻灯片看成整个演讲展示的线索提示，而不是把全部

---

① 锐西传媒：《人们到底能从一个演讲展示中记住多少？》，锐西博客，2014 年 10 月 14 日。

信息都堆砌在这里。[①]

让你的幻灯片成为你演讲或展示的视觉辅助工具而非数据库。如果你的幻灯片上有太多文字，观众很容易就会走神或者自己去读上面的内容而不是听你讲（人们阅读的速度往往比你的演讲速度快）。如果确实想让对方了解详细的内容，你可以另外准备一个文件，包含你整个演讲的所有内容，会后分发给大家参考。但对展示本身而言，一定要让每张幻灯片的内容尽量简洁精练，让观众的注意力聚焦于你。

### 5. 有效利用可视化工具

制作幻灯片的时候离不开可视化工具。[②]信息的传达不能仅仅通过文字的形式，考虑一下如何运用图像图表这些可视化工具来充分展示你的观点和想法。但使用时要注意：图形图表不能过小过细，否则观众根本无法看清楚也无法看懂。如果这个图示或表格很重要而又很复杂，先将其简化后放在幻灯片上展示，然后把完整的

---

① 当然，幻灯片会有各种不同的用途。举例来说，一些咨询公司会用它向客户介绍分析大量的数据和提出一系列的建议，而不是像口头展示那样列出框架提纲。在这章内容里，我假定你们所做的幻灯片都用于口头演讲展示。
② 如何运用可视化工具更好地进行演讲和展示，可参考基尼·泽拉兹尼所著《用演示说话：如何设计和进行成功的商务展示》，纽约麦格劳-希尔出版集团，2006 年。

版本打印到纸上发给对方，可以在场下认真研究。

## 6. 有问题及时修正

认真检查你的每一张幻灯片。面对众多的观众做演讲展示时发现幻灯片上出现明显的书写或编辑错误，是非常可怕和难堪的事情，对方对你的印象也会大打折扣。如果可能，找一个对你展示的内容不是很熟悉的人帮你仔细审阅一下。

给自己留出一些时间对展示进行预先演练，发现问题及时纠正。即便自己觉得对内容已经很有把握，也需要这样做。注意内容过渡是否自然，有些内容是否单薄，个别部分是否拖沓，等等。这种预先演练可以增强你的信心，通过为你提出修改意见，你的试听观众也会增加自己的经验。

## 7. 展示幻灯片检查要点：

❖ 选择适合阅读观看的字体，种类不要太多。设置几种基本的、易于识别的字体，每张幻灯片不超过两种。

❖ 不要过多地使用动画和音效，要与展示内容相符。检查一下你的动画和音效是否能够让演讲内容更加清楚、意思更加明确。如果喧宾夺主淡化了主旨，那就不要用。

❖ 使用编号列项时，各个要点要使用相同的语法和排比结构，这样便于观众理解。

❖ 不要滥用字体加粗或斜体等格式编辑，保持前后一致。过多地使用这种格式会使你的幻灯片显得很混乱，不易于阅读和观赏。

需要演讲展示的范例，请访问我的网站 www.howtowriteanything.com。

## 可视化图表

不是所有的商务沟通都是通过文字进行的，许多是借助可视化图表来完成的。实际上，文字并不一定总是最好的沟通工具。有时候，数据通过可视化处理可以变得非常容易理解。借助可视化图表进行商务沟通非常简单，并不要求你一定是个专业的制图者。

### 1. 正确选择图表类型

可视化工具中有很多种类供你选择：照片、图像以及各种类型的图形图表等。对图表类型的选择主要依据你的数据类型以及你要表达的观点。

### 柱状图

柱状图通过纵向的条形图示（立柱状）来对数据进

行比较。

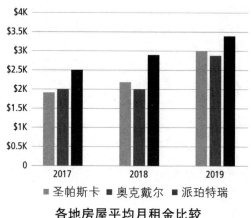

**各地房屋平均月租金比较**

## 条形图

　　条形图通过水平条形图示对数据进行比较。当数据标签比较长时，条形图比柱状图更合适。

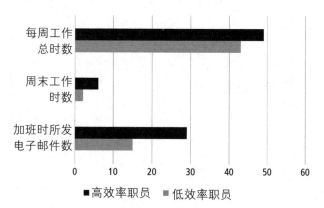

**时间和精力：高效率职员与低效率职员对比**

## 堆叠柱状图

堆叠柱状图将总数进行分割，从而对总类下各个分类数据进行比较。

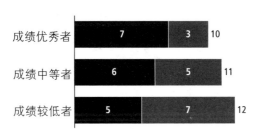

■ 在线培训　■ 现场培训

**各段位成绩学员参与不同培训模式的每月时数比较**

## 折线图

折线图用来显示随时间而变化的连续数据。相对于条形图，折线图能够更有效地展示较小的时间增量。

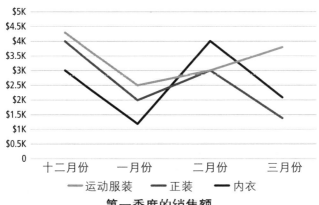

── 运动服装　── 正装　── 内衣

**第一季度的销售额**

## 饼状图

饼状图是将一个圆形图划分成几个部分，用以显示数据比例大小。

■ 处理电子邮件　　■ 互联网会议
■ 开发提案　　　　■ 客户会议

**每周工作量分配**

## 散点图

散点图利用散点在横坐标和纵坐标的分布形态来反映一个变量对另一个变量的影响关系。在下面的例子中，这个公司利用散点图从两个方面对竞争对手进行分析评估，即区域覆盖广度和产品范围。

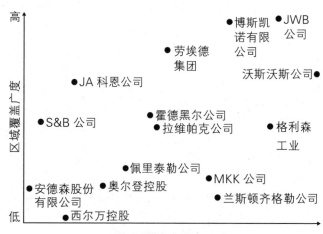

**竞争对手分析**

## 瀑布图

瀑布图能够显示多个数值对一个最终绝对净值的累积效应。

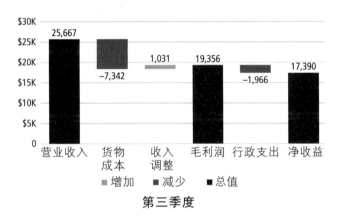

第三季度

## 漏斗图

漏斗图经常用来表示销售过程中各个阶段的潜在销售收入水平。这种图示可以帮你判断销售中哪些环节最有可能亏损，以及什么样的销售漏斗图形代表企业销售运营的不健康状态，等等。在下面的例子中，客户资质确认阶段没有很好地对潜在客户进行筛选和淘汰，导致下一阶段很多销售方案交涉失败。

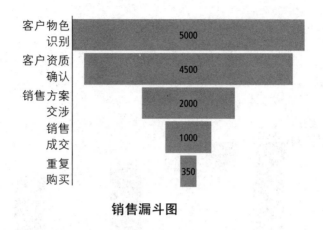

**销售漏斗图**

## 2. 确保你的文字和图表互补

当你在写作中同时运用文字和图表时，一定要让两者能够协调统一、相互支撑。首要的原则是，你的文字内容和图表应当是一致的。举例来说，如果你引用图表中一些数字进行分析，那么就一定要保证这些数字的准确性。

尽量避免在正文中对图表的内容进行重复。如果你想再简单地写一写图表的内容，也没必要再把图表放到正文当中去。正确的做法是，巧妙地运用图表中反映的信息去支撑你想要在文中表达的观点。

## 商务提案

各行各业都会为潜在的顾客或客户写商务提案，比如工程投标、职责范围描述、产品报价。销售提案在内容上会有很大的区别，这主要取决于你所在的行业类别，而大部分行业都有其业内标准格式。一定要看看你的公司是否有商务提案的模板，然后参照下面的建议撰写，使其更具吸引力。

**1. 目标明确**

如果你经常撰写提案，就很容易机械地将数字或具体信息填充到相应的部分。这种方法可能很多时候都是可行的，尤其是当你销售的都是相同的产品或服务时。但在这里值得一提的是，你还是要特别关注你的潜在客户，确保这份提案能够实际反映出他们的具体需求。

**2. 针对客户**

如果你正在准备一份提案，这往往是应对方的要求所做，而对方也正是代表你的潜在客户在和你谈判沟通。毋庸置疑，你必须认真考虑对方向你传达的所有信息。而且不止如此。根据不同的情况，很可能公司内部还有其他人要审阅你的提案。这些人可能是谁呢？他们最关注的事情是什么？如果和你沟通的那个人并不是决策者，那就很有必要去问问到底还有谁会审阅这个提案。

每个审阅提案的人都会关注成本，但不要认为成本是唯一的因素。真正思考一下对方的特定需求，确保你的提案是针对他们的需求而做的。

### 3. 内容准确

确定一下如何在你的方案里阐明预算或预估成本。有时候，项目预估价格是有约束力的。也有些情况下，提案中会包含特定的条款，注明最终的费用会根据具体情况有所调整。你应该标明提案的日期，并在其中加上报价的有效期，这样就能使自己脱离这种一成不变的价格束缚，而且也能避免与客户之间产生误会。

如果有费用超支的可能性，要直接提出来并且说明原因，包括项目进行过程中不可预期的状况或者客户要求的更改等。

如果你感觉客户对他们的需求并不是百分百地确定，可以考虑提供几种不同方案的预算供他们选择。有些公司的商务提案总是带有一些常规的补充条款。这些补充条款可能会给公司带来更多生意，但同时也可能让客户感觉被过度推销而烦扰不堪。因此，任何补充条款都要明确针对客户的实际需求。

### 4. 仔细检查

如果你利用模板撰写商务提案或是在原有方案基础上进行修订填充，那么一定要在发出之前仔细检查。首先确保内容的全面完整，其次一定要确认没有将原有提案的信息保留下来，包括其他公司的名字和其他工程的报价等。

同时也要检查一下是否有信息遗漏、数字计算是否准确。如果出现错误，局面会很难堪，有时还会带来极大的经济损失。

如果需要商务提案范本，请访问我的网站 www. howtowriteanything.com。

### 5. 提案申请书

有些公司在为某项工程物色供应商的时候往往会撰写并下发一份提案申请书，通常在工程量比较大的项目中更是如此。一些公共事业公司在招投标的过程中则要求必须提交提案申请书。

对提案申请书进行回复，一定要严格按照上面的要求去做方案。任何偏差和失误都可能将你扫地出局。

根据提案申请书出具的一份完整的销售方案，会包含以下基本内容：

- ❖ 送文函
- ❖ 标题页
- ❖ 内容概要
- ❖ 现有问题描述
- ❖ 当前措施描述

- ❖ 建议措施描述
- ❖ 当前措施与建议措施的比较分析
- ❖ 设备要求
- ❖ 成本分析
- ❖ 配送时间表
- ❖ 收益汇总
- ❖ 责任分配
- ❖ 供应商描述（包含团队简介）
- ❖ 供应商宣传资料
- ❖ 合同

## 商务关系篇

### 介绍信

为同事或生意伙伴写介绍信是建立商务关系很关键的环节。一封成功的介绍信能使双方开始富有成效的对话和交流。

首先给大家一点提示：如果给双方写介绍信让你感觉很不自在，那就一定不要去写。介绍信本身就是一种引见行为，事实上你是在告诉对方："这个人不错，值得你花时间去和他谈谈。"所以，如果你对任何一方不是很了解或有任何疑问，还是不要拿自己的声誉去冒险了。

### 1. 明确介绍意图

当你给双方做介绍的时候，就是要为他们建立一种关系。你不仅仅要了解双方都是谁，还要明确你写这封介绍信的原因和意图。

很多时候，介绍信往往是出于其中一方的利益需求。比如，一方要做一个信息类的访谈，需要某个企业或行业的大量信息或者职场建议等。如果是这种情况，一定不能有所隐瞒，要向另一方说清楚原因，并感谢他能给予支持和帮助。

### 2. 考虑双方的意愿

在写介绍信之前，一定要征得双方的一致同意。尤其是当你感觉有一方可能会不自在或不愿意的时候。如果一方主动要求你为其介绍对方，你一定要弄清楚他的目的。特别是当你向对方提出某种请求或要求对方帮忙时，一定要确定对方愿意才行。否则草率地为双方写了介绍信，之后大家都会处于十分难堪的境地。提前分别与双方联系，确认他们的意愿并征得双方同意再下笔。

### 3. 信的开头要有力

介绍信的开头称呼语中要加入双方的名字。通常把级别高的或更有权势的一方放在前面比较好。

信的开篇就要抓住双方的注意力。清楚地说明你在介绍双方认识并解释原因。即使你在写信之前已经和双方联系过，也要记得他们还并不认识对方，也还需要提示一下写这封介绍信的缘由。必要的话，可以提一下你是如何认识他们的。

### 4. 把握信的内容

大多数情况下，介绍信的篇幅都不需要太长。简单介绍一下双方的情况就可以了。在简短的电子邮件中，也许一句话就够。暗示一下建立这种新的关系对双方都很有利。不过，如果很明显其中一方处于绝对受益方，也要直接说清楚，不必隐瞒，并向对方表示感谢。举个例子，你向公司高管介绍一位新近毕业的大学生，那很明显这封介绍信受益更多的一方是这个年轻人。

如果你想提供一方的背景资料和信息，可以考虑在信中加入那个人的个人简介或者网站链接等。

最后，下一步关系如何发展留给双方自己去定。在信中不要提出类似建议双方见面的要求。把双方情况介绍清楚，然后让他们自己决定下一步怎么走。除非你很确定双方都很感兴趣并愿意让你来安排引见，否则不要主动提出安排双方会面。

尊敬的路易丝、尊敬的苏：

很荣幸介绍二位认识。路易丝，苏毕业于加州大学洛杉矶分校，我曾经向你提过，他现在很想对解析学领域有更多了解。非常感谢你答应和他交流。苏，路易丝就职于西蒙斯公司已将近二十年，能够在这个领域为你提供最好的指导和建议。

我相信二位会很高兴认识对方。

祝一切顺利！

吉尔

## 推荐信

很多场合都需要推荐信，比如申请大学或研究生院、申报各种教育项目、申请奖学金以及求职找工作等。

有人找你写推荐信时，一定要认真考虑。这是一件很严肃的事，需要承担一定的责任。有些情况下你最好不要答应为对方撰写推荐信，比如被推荐人根本不符合申请条件，或者你对他根本不了解，或者因为某种原因你就是觉得不应该给他写推荐。无论是对你本人还是被推荐人，提前拒绝总比你最后为其发出一封不温不火或是模棱两可的推荐信要好得多。而且，撰写一封好的推荐信是需要耗费大量的时间和精力的。因此，一定要考

虑好，并且给自己留出足够的时间，推荐信写完后可能
还需要反复斟酌和修改。

### 1. 了解写作意图和收信人

写推荐信时很容易千篇一律，出现一些陈词滥调。
想避免这种写作误区，就一定要深刻领会自己的写作意
图并充分了解推荐信的收信人。对于被推荐人申请的项
目或职位要有足够的了解，要花大力气阐述被推荐人的
资历和条件适合并胜任所申请的位置。

站在收信人的角度去考虑。对方希望从你这里得到
什么信息呢？他最希望听到的是什么呢？什么样的信息
能够让他更容易接纳被推荐人？你怎样写才能让他更好
地了解被推荐人的出众之处？

### 2. 开头要明确而有力

推荐信的开头非常关键。你要在信的开篇就写明你
是为谁做的推荐以及为何做此推荐。解释一下你是怎么
认识被推荐人的、认识了多长时间。明确提出你要向对
方推荐此人。

信的第一段应该表明你对此人的推荐力度。或许你
认为他很适合这个角色，或许你非常强烈地支持他的申
请，或许你认为无人能够比他更胜任这个职位。无论是
哪一种，你都要清楚地把你的态度表达出来。直言不讳

地表明你的立场，不要让对方读到信的最后才真正了解你对被推荐人的支持力度和推荐级别。

### 3. 把握写作内容

构思推荐信的写作内容时，首先要确保自己掌握了完整而全面的信息。对被推荐人所申请的项目和职位要有清晰的认识。如果不是很清楚，可以去相关网站查询一下。另外，你还应该了解一下被推荐人想要在新的项目或职位上达成什么样的目标。如果在这个问题上有疑问，一定要找他谈，了解他的志向和规划。复印一份他的简历，这样你的评语就可以和上面的信息保持一致。

推荐信真正有价值的部分是你本人对被推荐人及其能力的专业性见解和评价。你的这些评价是对他的资历和水平的一个证明，是其个人简历和成绩单都代替不了的。你对被推荐人的认识如何，你的推荐如何能与对方提供的申请项目或职位完美契合，这些都是推荐信的核心内容。

想一想你能为对方提供哪些特殊的有意义的信息，而这些信息又是被推荐人其他的背景资料所不能体现的。看看新的职位或环境对申请人有哪些特殊要求，然后向对方证明被推荐人能够达到这些要求，能够胜任新的工作。对申请人的资质能力以及成就的描述要明确具体，要有深入的分析评价，不能只是笼统的夸赞。

在写推荐时可能还会被要求回答一些特定问题，有时是作为候选人申请程序的一部分。这时你的推荐信一定要针对这些问题写作。如果问及被推荐人的弱点或劣势，一定不要回避。找出一个被推荐人能够克服的缺点写进去，甚至说明一下他已经开始逐步克服这个缺点，这样更好。这个新项目或职位或许为被推荐人提供了一个绝好的机会去克服自身的劣势，想想他将会如何表现。

### 4. 反复斟酌和修改

你的推荐信初稿很有可能会篇幅太长、内容松散。这都是预料之中的。可以的话，动笔写下所有内容后，把初稿搁置一段时间。如果你写的推荐信有长度要求，那么不要超出要求的篇幅。即便没有限制，也不要超过两页。控制写作的篇幅能够使你的推荐信更加紧凑更有说服力。

修改初稿的时候，想想收信人看到你的推荐信后会有什么样的反应。尽量对信的内容进行斟酌和精简。在信件发出之前，仔细检查书写错误或其他任何微小的疏忽，因为这些都会影响你的可信度。

下面是一封推荐信的范本，括号里加入了一些关键点的注释。

致人事招聘经理：

　　我很荣幸地向您推荐苏珊·麦科德。苏珊在吉本斯国际担任数据经理的这六年间，我一直是她的主管。（罗布说明了他认识苏珊多长时间以及双方以何种身份认识。）苏珊决定离开芝加哥，我们都感到十分遗憾。但我非常高兴能够为她在新的工作岗位就职做最强烈的推荐。（罗布表明了他对苏珊的支持力度——"最强烈的推荐"。这封推荐信的开头非常强有力。）

　　苏珊带领的团队为我们公司的七个部门提供数据支持，她一直以来工作勤奋、处事沉着。数据部门每天需要处理大量数据需求，这些数据经常被分割成很多非常规的结构模式。搜寻非常规的和潜在有效的数据模式是营销人员工作的一部分，而苏珊对公司数据和软件的精通使得这项工作完成得非常出色。许多数据需求都非常紧急，而苏珊处理起来却镇定自若、游刃有余，为公司解决了一个个燃眉之急。（罗布描述了苏珊的工作及其难度，以及她是如何成功解决这些困难的。）

　　尽管所处职位压力大、风险高，苏珊却能够一直充满善意地积极开展各项工作，这似乎只有超人才能做到。她总是积极友善地对待身边每一个人、竭尽全力地完成每一项工作。

我还要强调一点，苏珊一直都是她手下员工的行为榜样和工作导师。她的许多下属都是刚毕业的大学生，在她的领导下体验了什么是真正意义上的工作。苏珊具有非常杰出的能力带领和引导这些入门级的员工，在高度紧张的时期给予指导，帮助他们成长为负责任的高效的专业人士。苏珊所带领的团队总是能够积极乐观地迎接各种挑战。（这一段让读者对苏珊的工作有了更具体生动的认识，并强调了她做出的突出贡献。）

最后，我还是要非常荣幸地向您强烈推荐苏珊。（罗布在信的结尾再次表示对苏珊的认可和推荐。）如果您需要更多信息，敬请直接联系我。我的邮箱是 rstraker@gibbonintl.com。

谨致问候！

罗布·斯特雷克

### 5. 在领英上写推荐信

领英（职业社交平台）上的推荐信提供了对个人或企业很有价值的见解和评价，许多招聘人员和人事主管都会浏览。这些推荐可能不会决定求职或招聘的成功与否，却能够起到很大的作用。想让你写的推荐更有价值，请遵循以下几点：

❖ 简单描述一下你是怎样认识申请者的。

❖ 明确具体地说明申请者的表现及其取得的成绩，最好使用可量化的成果。一些笼统模糊的评价如"表现优秀""工作中很好相处"等反而会使推荐效果大打折扣，甚至适得其反。这样的字眼会让人觉得你并不是很了解申请者，甚至对方会认为你在弄虚作假。

❖ 重点强调申请者在多个职位上都适用的可迁移性技能或能力，因为你不知道他会申请什么职位。

❖ 用具体的事例说明申请者的表现和业绩。可以讲述真实的故事。

❖ 如果你是为企业主写推荐，要重点说明他的企业如何在竞争者中脱颖而出、为何你愿意在这个公司工作以及你对最终结果感受如何。

❖ 把推荐信篇幅限制在六十至一百词。

## 感谢信

撰写感谢信似乎已经成为一种即将消亡的沟通艺术，

尤其是在商务领域。不过，如果你能够掌握这门艺术并且经常付诸实践，那么你一定能够在同事中脱颖而出，让那些不知感恩、考虑不周的人甘拜下风。

什么样的商务场合应该写感谢信呢？以下这些情况是必须要写的：有人为你写了推荐信，你参加了求职面试或信息访谈，有人为你做了非常重要的介绍和引见。另外有些情况下，写一封感谢信只是为了表达你的谦和友好，比如：有人接手了你的工作，最终帮你按时完成任务；有人给你提供了一些好的建议；有人帮你渡过了难关。向对方书面表示感谢总是没错的，所以只要产生这个念头，就动笔去写吧。

如果除了感激和客气，你还想为感谢信找一个合适的理由，那就是：这种书面的感谢能够巩固和增进你与对方的关系和感情。一封真挚的感谢信能够给对方留下深刻持久的印象。

如何在商务场合写一封成功的感谢信，下面是一些提示和建议：

掌握好尺度。你和对方的关系将直接决定感谢信的写法和分寸。分别给你的上司、同事、下属，每封感谢信肯定是不一样的。

感谢信要写得及时。

用自己真实的口吻去写。有时在提笔写感谢信的时候我们会很紧张，总想着语气很正式或者文字很华丽才行。事实上没有必要刻意这样做。把心里的话写出来，真情实感，用正常的商务书信语气就好。

具体地阐明对方给予你的恩惠和帮助。除了面试的感谢信要遵循特定的格式（见下文），普通的感谢信可以自由随意一些。一定要让对方明白你因为什么在感谢他，比如：他的帮助为你节省了多少时间和精力，给你减少了多少麻烦，或者他如何帮你找到了正确的方法做对了事情。

在适当的情况下，特别强调一下对方为你做出的付出和牺牲。比如对方为你付出了大量的时间或者牺牲午饭的时间帮你解决难题，这些你在感谢信中一定要提及。

### 维系情感，深入思考，请拿起你手中的笔

从人类社会早期开始，人们就十分渴望能够通过文字和符号与他人进行沟通和交流。作为人类，我们已经发现：口头语言，这种左耳进右耳出的信息交流方式，往往不能像书面文字那样持久有效。

随着时间的推移，我们看到，正是书面文字的力量

和影响，给无数家族、人际关系甚至人类历史留下了不朽的宝贵遗产。从一张简单的朋友间的留言字条，到一封即将离任的总统给新任总统的亲笔函，书信一直没有远离我们的生活。它使我们的生活更有价值更有意义，有时甚至改变着我们的生活轨迹。

当今时代，电子邮件和短信漫天飞，电话也是无时无刻不能联系，那么我们还需要亲自动笔进行书面文字沟通吗？答案是肯定的。

首先，我认为亲笔书信比任何电子邮件或电话都更有意义，因为它是永恒的，并且写在纸面上的文字会有浓厚的人情味儿。电子邮件和电话交流转瞬即逝，或被删除或被遗忘，但是手写信函所产生的影响、所表达的情感以及其中文字的精粹却可以持续数天、数月甚至数年。美国家居家得宝公司前总裁弗兰克·布莱克坚持每周花至少半天的时间给他的员工写亲笔信。他解释道："我们的员工任劳任怨、努力工作、慷慨付出，我应该以这种方式让他们结束美好的一周。"布莱克知道人与人之间这种感情的维系可以通过亲笔写下的文字来实现。"在电子邮件和短信充斥的时代，亲自动笔写下的文字显得很有人情味儿、很特别。我把我收到的每一封有意义的书信和留言都保存下来了。"[1]

其次，亲自动笔能够让你在写作过程中更加深入地思考。给自己一个安静平和的空间，陪伴左右的只有一支笔和自己的思想，这时我们会更有勇气更有灵感，以一种独特的方式去思考，然后发现跟平时不一样的自己。《哈佛商业评论》最近的一篇文章指出，写日记是成为杰出领导的重要一步，在本子上手写日记能够使思想更加深邃，"在线上写无法达到手写的相同效果"。[2]

写日记还可以成为帮你解决困难和渡过难关的一种方法。提起笔写日记的过程，给你提供了合适的时间和空间静下心来，去认真地思考那些问题和困难，然后按照自己的方式和节奏去应对消化，而不必急于解决或回复。面对棘手的问题时，这种深入思考的时间显得十分重要。

即便是在当今这样一个技术发达、万物速成的时代，其实应该说，尤其是在这样的时代，通过手写文字进行书面沟通具有无比重大的意义和分量。你的亲笔信函将

---

[1] 查克·托尼《高层的谦恭：为何总裁们还在写感谢信》，来自博客 Chicken Wire，2017 年 3 月 10 日，https://thechickenwire.chick-fil-a.com/Lifestyle/Humble-at-the-Top-Why-These-CEOs-Still-Write-Thank-You-Notes。

[2] 南希·J. 阿德勒《想成为杰出的领导？写日记吧》，来自《哈佛商业评论》，2016 年 1 月 13 日，https://hbr.org/2016/01/want-to-be-an-outstanding-leader-keep-a-journal。

给对方留下意想不到的持久印象。

不要忘记手写文字的力量，拿起你手中的笔吧。这些文字将丰富你的内心世界，潜移默化地激励你身边的人，为你的生命和思想留下珍贵的足迹。

多米尼克·舒尔曼：舒尔曼零售集团总裁。该集团主要品牌包括：Papyrus, Marcel Schurman, Paper Destiny, Niquea.D, Carlton Cards, Clintons。

## 致歉信

当你在工作中做了错事，一封致歉信可以在很大程度上弥补你的过失。勇敢而有礼貌地说声"对不起"可以向对方表明你很珍视这份工作情谊并且勇于对自己的行为负责，从而建立良好的信誉，巩固日后的合作关系。及时向你的客户道歉能够挽回可能损失的生意。

然而，在动笔之前还是要想清楚书面的致歉信是否为最佳选择。有时候当面致歉可能更有意义，因为那需要更大的勇气，面对面的沟通也更能增进与对方的感情。

无论你选择哪种道歉方式，一定要及时。出现失误后尽可能第一时间向对方表达歉意，否则负面情绪会越来越严重，情况也会日益恶化。

### 1. 明确写信目的

写致歉信很容易，关键是要明确你想达到什么目的。分析写信目的听上去似乎很荒唐，但事实上，写致歉信时很容易偏离主旨，尤其是当你想为自己努力辩护的时候。你的主要目的应该是承认自己的错误，并向对方表明由于你的失误给对方带来不便或损失你感到十分抱歉。另外，你可能还要告诉对方，你将努力去修正错误解决问题，并且向对方保证这样的失误以后不会再出现。

### 2. 分析收信人

对收信人进行分析，考虑一下他对你的道歉会做何反应。你和对方的关系是怎样的？他是你的上司、客户还是下属？你的失误给他带来了怎样的影响？他只是有些生气还是非常愤怒？你觉得他对你的致歉会如何反应？考虑这些问题能够帮你更好地完成一封诚恳周全的致歉信。

### 3. 开门见山表达歉意

信的开头直接表达"对不起"。开门见山地道歉会让对方感觉你是真诚的。所有的解释都要放在后面文中详述。

### 4. 把握致歉信内容

通常很有必要向对方解释一下你失误的原因。注意原因并不是借口。解释原因的时候不要暗示你的错误没什么大不了，也不要把自己的失误归咎于其他人，包括对方。"我很抱歉，不过……"这样的话会让人感觉你的道歉没有诚意。如果你想道歉，就要勇于承担全部责任。

可能的话，你要向对方表明你正在努力修正错误弥补过失，并且在适当情况下向对方保证这样的问题以后不会再发生。

注意确保致歉信的内容不会产生任何法律责任。如果你向顾客致歉是因为服务不到位或产品有缺陷，动笔之前先向你公司的法务部门咨询一下。如果是因为个人行为过失而道歉，考虑一下是否会产生法律责任，并向专业人员征求建议。

### 5. 反复检查和修改

致歉信的写作很难把握，因为人们往往会将个人情绪牵扯其中。所以在信件发出之前一定要仔细检查反复修改。完成初稿后放一放，过一段时间重读全文，想想对方会如何回应。语气显得真诚吗？你是否真正表明自己会为所作所为负全部责任？对方会相信日后同样的问题不会再出现吗？

团队所有成员：

非常抱歉，我没有在昨天按时完成任务。我知道这样耽误了我们整个团队的进度，并且给安德里亚和奇安增加了更多的工作。

很多人都知道，我需要在昨天同时完成 TYPE和 CCS 两项任务。而我实在是不能兼顾。这是我工作计划的失误，我早就应该意识到两项工作不可能同时完成，也就不应该把自己的工作如此安排。

再次向大家道歉。我保证日后会合理安排自己的工作进度，不再因为我的失误而给大家带来不必要的麻烦。

祝好！

尤娜

## 商务推广篇

### 网站设计文案

公司网站代表着一个公司的公众形象和品牌声音，也是公司进行销售、营销以及公关活动最有力的工具之一。对网站访问者来说，好的设计文案往往并不能引起他们的注意，而糟糕的文案却能被他们一眼识别。因此，非常有必要在网站设计文案上多花费一些时间和精力，让它能够以最好的方式展现你的公司品牌。

### 1. 不要忘记文案写作目的

不管从事哪一行业，公司网站都是对你的公司进行宣传和推广，包括公司的产品、服务、人员以及声誉。即便你并没有明确直接地在网站进行推销，也要记住上面的一切都代表着公司的形象，所以要全力以赴展示出公司最好的一面。

### 2. 充分了解网站访问者

当然，你并不知道到底哪些人会访问你的公司网站，但还是很有必要认真分析一下哪类人群可能会成为网站文案的阅读者。你的目标顾客或客户是谁？

市场营销人员通常会为他们的目标顾客创建"用户角色模型"。这种角色模型是通过一系列典型特征对某一类型个体做的综合描述，而这类个体正是对他们的产品或服务感兴趣的潜在顾客。这些典型人物特征包括性别、年龄、种族、收入、教育程度、家庭关系、目标、心愿等特性。营销人员会创建几个典型的客户角色模型来代表他们的目标顾客。当你界定了自己的网站用户角色模型，也要给他们命名。

一旦创建了用户角色模型，你就可以利用对他们的了解去撰写网站设计文案了。你的文案要契合他们的需求、关切和兴趣点，以求对他们产生足够的吸引力。他们访问网站想要寻找什么？他们期待有怎样的发现和收获？他们会有什么样的疑问？你的网站必须能够满足这些访问者的需求和期望。划分网站版块的时候，要时刻把这些问题记在心中。

### 3. 把重要的内容放在最前面

网页的开头十分关键。有研究表明，一般网络用户在阅读网页时只会关注约百分之二十的文案内容。[①]

你可以花一分钟的时间思考一下自己平时是怎样浏览网页的。当你想在网上购买某种商品时，很有可能会去浏览几个不同的网站。如果在一个网页顶部你没有看到你想要的，可能就会转到其他的网页去搜索。因此，当你为自己的网站撰写文案时，一定要把最重要的内容放在页面上方最明显的位置。

### 4. 视觉性思考

在撰写网站设计文案的时候要学会形象化的视觉性思考，要记住很多时候"少即是多"。人们在阅读网页的

---

① 雅各布·尼尔森《网络用户阅读何其少？》，尼尔森诺曼集团网站，2008 年 5 月 6 日，https://www.nngroup.com/articles/how-little-do-users-read/。

时候往往会避开大段的文字。所以为了吸引大家阅读你的文案，最好使用短句，段落也要尽量简短，可以运用分类列项的方式使内容清晰明了易于浏览。文案尽量不要挤满整个网页，可以适当留出一些空白。同时，网页文案要与其他图形图片等视觉要素统一契合，为访问者提供愉悦的浏览体验。

### 5. 把握文案内容

人们往往愿意把太多信息和内容放在自己的网站上展示，尤其是一些小型企业在设计网站时更是如此。你总是想在网站上把公司产品或服务的特征以及优势面面俱到地展示出来，可这样对网页的阅读者来说却没有意义。对文案内容的把握最有效的检验方法就是回答一个问题："这个内容对我的客户来说重不重要？"如果重要，就写进去。尽量放弃一些多余的信息，即便是你自己认为很重要或引以为傲的。不要让网页上太多烦冗的文字内容使访问者感到窒息，网站每个版块的内容安排都应该以客户的需求为中心。

在网页上可以呼吁对方采取行动，鼓励网站的访问者与你联系或及时下单，让他们能够在第一时间找到你。

谈到网页内容，我们还要探究一下如何利用设计文案去吸引网站访问者。当前网络发展迅猛，你应该与时俱进，看看各大搜索引擎是如何锁定人们查找的关键词的，跟上他们的步伐，吸引更多的用户访问你的网站。了解关键词和搜索引擎优化。如果你是在 WordPress 博客系统或其他类似的平台上创建网站，可能会有一些系统内置工具帮助你；去认真了解一下，充分利用这些优势，把网站设计得更具吸引力。

**6. 对网站文案进行测试修改**

在大多数情况下，网页文案上线后也是很容易修改的，因此只要你时时关注，即便内容有问题也可以解决。但问题是，网页文案写完之后你很容易就会忘记它。而且坦率地讲，你也希望能够把它忘掉。你对自己撰写的文案非常有信心，将其放在网站上，然后就去忙更重要的工作了。因此，文案上线后一定不要忘记检查和审核，要亲身体会一下网页阅读者会有怎样的体验和感受。

另外一个好办法就是请几个同事或朋友去浏览一下你的网站，看看他们有怎样的反馈，然后根据他们的意见进行适当的修改。一定具体地告诉他们你需要哪方面的反馈意见。如果你想知道他们对文案有何反应，和他们讲清楚。如果你只是泛泛地问"你们觉得如何"，那你得到的很可能是一些关于字体、颜色、图片等很随意的反馈。注意引导他们的关注点，这样他们的意见才会更有价值。

## 博客

　　无论你是在经营一个小企业还是就职于一家大公司，你的商业博客都能帮你维护老客户并不断吸纳新顾客。定期更新博客能够增加你的网站浏览量；将你的博客与社交媒体相结合还可以为你的公司或在你擅长的领域组建起一个线上群体和社区。

### 1. 你的目的是服务于博客阅读者

　　明确博客的写作目的十分重要。写作目的不明确，你的博客内容就会很松散，写了很多信息而对读者却无太大价值。锁定博客写作目的，关键是要充分认识你的读者。可以尝试通过补全下面的句子来明确你的写作目的："我的博客通过××服务于我的读者。"填空的答案可能是"提供我所在行业最前沿的信息"或者"为客户提供有用的工具和技术手段"等。如果你能一直将重点放在服务客户和读者上，就不会在那些你自己感兴趣而于对方却毫无意义的话题上喋喋不休、浪费时间。

　　写博客为你提供了机会去展示自己的专业知识和技能。确保博客的内容对读者是有价值的。人们发现有价值的信息才会去阅读你的博客，否则就会略过。

　　提供多样化的内容是保持博客阅读量的一种方法。

如果你每周都要更新博客，很难确保一直有内容可写。确定你的中心主题不变，可以考虑写一些辅助性的话题和内容，调整一下口味。如果你是一位房地产代理，可以为读者提供一些关于房屋装修和景观美化的小贴士。如果你是一位脊椎按摩师，则可以谈谈关于营养搭配的话题。另外，还可以考虑定期邀请相关或相近领域的嘉宾博主在你的博客发帖（同时问问对方是否也需要你在他的博客发帖，借此还可以向对方的博客读者介绍你的公司业务和专业技能等）。

## 2. 吸睛点很重要

想一想你上次阅读博客帖子是什么时候。你从头至尾读完了吗？很可能没有，除非那是一篇你特别感兴趣的文章。读者的注意力持续时间是很短的，因此你的博客开头一定要有个特别的吸睛点，从而激发读者的阅读兴趣。抓住了读者的注意力后，你可以将最重要的内容放在最前面，激励对方继续往下读。不要把关键点放在文末，读者很有可能会错过它们。

## 3. 文字简洁明了

有些博客的帖子读者很难读完，往往是因为内容太过烦冗。对于理想的博文到底应当多长，专家们意见并不统一；关于博文长度的建议也在随着时间不断变化。

研究合适的博文长度是有必要的，一个很有效的做法是：检查你的博客文稿，删掉一切看起来多余或比较松散的内容。你的博文应该以尽量简洁的文字向读者提供有价值的见解和观点。

**4. 对博客进行维护**

定期更新你的博客。做到每周更新实际上是很难的，但一定要确定一个合适的更新频率，并且坚持下去。当读者进入你的博客发现没有任何更新，他们会感到非常失望。

将你的博客帖子分享到社交平台。在推特、脸书、领英上推广你的博文可以吸引更多新的读者和粉丝。你还可以在你的网站上设置注册表，读者可以在线注册，当博客有更新时你可以第一时间通过电子邮件通知他们。

考虑好你是否接受博客读者的评论。这是一种很好的与读者互动的方式，可以拉近双方的距离，并且在你回答对方问题的时候能够为你的粉丝们提供更多信息。但同时也意味着你需要定期对评论进行监控和跟踪，删除垃圾评论，并对一些异常激烈的言论加以控制。你要衡量一下自己是否有时间，是否值得花费精力去做这些事。

一旦开通了博客，就不要随意放弃或置之不理。只有几条旧帖子会让你的博客看起来死气沉沉。如果你觉得自己不能定期维护和更新，可以考虑将其隐藏或将旧帖打包归档。想再次更新博客的时候，可以随时激活页面。

## 网站或博客的内容创建

内容营销已成为时下很热门的话题，也是理所当然。这种营销方式发展迅速，已被普遍认为是一些小型企业营销计划的重要组成部分。但由于大多数小公司的老板并没有英语或新闻的专业背景，他们会觉得内容的创建并非易事。

首先，很重要的一点是要了解什么样的内容是有效的。你应该建立三个主要目标：

1. 创建的内容应该与行业市场相关。

2. 创建的内容应该能够激发读者的反应。

3. 内容应该对读者来说很有趣、很具吸引力。

下一步，你需要制订一个内容营销计划。计划应该包含以下几点：

❖ 明确目标。你想要行业领先？增强品牌知名度？展示专业知识技能？对行业市场进行教育和引导？为你的网站或店铺增加浏览量？激励你的读者和粉丝？

❖ 分析读者。他们想要做什么？需要了解什么？是想买东西吗？他们想看什么类型的内容？

❖ 确定统一的品牌声音。这个声音必须是真实的，而且是针对你的潜在和现有客户。

❖ 设定一些参数。你多长时间发文一次？预算是多少？各项工作分别由谁来负责？

如果你的网站已经创建了内容，重要的是要对内容进行检查、修改和定期更新。很多专家都建议每周至少两次在网站上添加新的内容。不必害怕，下面为你提供一些方法，让你在不耽误打理公司业务的同时进行很好的网站及博客内容的创建。

❖ 每周或每月推出一位特别顾客。建一个五到十个问题的模板，通过电子邮件发给你的顾客们。发布他们的评论之前一定要对其中的文字语法错误进行订正。

❖ 经常发布一些名单、要点、小贴士等。篇幅都不要太长，读者大多没有时间去阅读一长串的内容。

❖ 推出一些特别优惠或促销信息。

❖ 将常见问题解答转化成博客日志。

❖ 邀请嘉宾博主发帖。

❖ 发布产品评论内容。

❖ 如果预算允许，聘用兼职人员。

❖ 改换内容的用途：将博文换成白皮书、电子书、博客、视频等形式。

❖ 对行业内相关人士进行电子邮件访谈。

❖ 写一些指导性的文章对客户进行教育和引导。

❖ 动用你特有的专业知识和技能。比如，你经营的是一家餐饮企业，可以向大家发布一下食谱配方。

两个终极建议：

1. 运用照片、图表等图像的形式来丰富内容。无论是博客、网文还是社交平台的发帖，带有图像的内容都会比单纯的文字有更多的浏览量。

2. 不要忘记鼓励大家积极行动起来。人们往往需要你告诉他应该怎么做。

最后，如果你还在问这一切是否值得，那么答案是肯定的。根据 TechClient.com 的统计，带有博客的网站的索引页会比普通网站多出百分之四百三十四，这意味着它们在搜索引擎中的排名更靠前。[①]

里娃·莱森斯基：GrowBiz Media 公司创始人之一兼总

---

① 博客数据统计信息图。http://www.techclient.com/blogging-statistics/。

裁。该公司致力于为小型企业进行内容创建的定制。莱
森斯基还是博客 SmallBizDaily 的博主之一。

## 社交媒体

各种类型的社交媒体使得大大小小的企业和公司有
机会与其现有及潜在客户接触并保持互动，而且这种方
式是非常令人愉悦且很有价值的。学会使用社交媒体可
以让你有机会为客户提供业务之外的更多价值，并确保
你的客户不会把你遗忘。

### 1. 为你的品牌选择合适的平台

社交媒体平台数量确实很多，而且每个都有其鲜明
的个性特征。在决定选择之前，一定要调查研究一番，
看看哪个或哪些平台最适合你的品牌。需要考虑的方面
包括你的目标顾客人群以及你要分享的内容类型。从目
前来看，推特的使用者更多的是年轻人、美国黑人以及
拉美人群；脸书则更受老年人和女性的青睐。推特更适
合短暂的新潮和流行；而脸书更侧重长久关系的建立。[①]
但一切都变化很快，掌握最新的信息是很重要的。一个

---

① 拉尔·沃尔夫《推特和脸书：哪一个更好？》，The Balance Careers,
https://www.thebalance.com/twitter-vs-facebook-which-is-better-
3515069。

公司并不需要在每一个平台上都出现，你应该根据最新的数据和信息来决定选择什么平台。随着时间的推移，将会有更多的公司入驻社交媒体平台，也会有一些逐渐消亡，但只要你做好调查研究，就能找到合适的平台入驻。

### 2. 你的目的是为顾客服务

不管你入驻哪个平台，目标是利用这个社交媒体来为你的现有及潜在顾客提供价值。

如何为他们服务呢？怎样才能给他们提供大量信息、让他们身心愉悦并使他们真正参与其中？重点是为他们提供价值，而不仅仅是兜售商品。如果对方在你的帖子里看到的只是一味地售卖产品，那很快他就会将你从关注中删除。强调你能给他们带来什么，而不是卖给他们什么。

注意，你在社交平台上发布的内容要与你的行业和业务相关。发布一些个人问题言论或政治观点可能会疏远你的顾客。当然，发布和你的行业有直接联系的政治话题是个例外。比如，你是一位会计师，那么和大家分享关于税法改革提案的信息是合情合理的。但在一些事情上还是要谨慎，比如要求你的顾客签署联名请愿书或写联名信等。有些人可能不愿意被人强迫去支持某种政治立场。

### 3. 全情投入地运营

开通社交媒体线上业务并成功运营和维护需要你的全情投入。毋庸讳言，你的线上经营会面临诸多竞争。而最糟糕的就是你在社交平台上经营运作时三心二意或者干脆对其置之不理。如果你想做，就要制定有效的战略，规划运营目标，并且需要有人能够真正投入工作并努力实现这个目标。定期发文更新。时时在线。

很显然，大公司拥有足够的财力安排专职人员去推广和维护他们的社交媒体业务运作。而小公司在做一些决策的时候会显得更加困难。谁来负责发帖？多长时间发一次？发布什么样的内容？如何处理顾客的反馈？由谁来负责双方的互动？这一系列问题你都要在开通社交平台业务之前想清楚。

### 4. 脸书

脸书是人们与自己的家人朋友联络互动的社交平台，你可以利用这个优质线上平台为自己的公司或品牌创建在线社区群体。

❖ 更新发文尽量简短，不要超过三句话。人们对脸书的内容都是快速浏览，不愿意去读大段的文字。可以加入图片视频等，单纯的文字内容对读者的吸引力远远不如图文并茂的更新。

❖ 语气要日常和亲切。你的发文不能显得过于正式，要很随意和亲切才符合脸书的社交氛围。

❖ 所有的更新发文要保持一致的品牌声音，彰显你的品牌个性。

❖ 多发布一些问题，争取读者互动。征询读者的想法，鼓励他们分享自己的故事和经历。

❖ 提供一些对你的客户真正有用的内容，并保持经常性的更新。比如，经营园艺的账号可以定期发布一些季节性的花草种植建议；会计师可以讲讲一般性的税务知识；金融服务公司则可以教教大家如何防止身份被盗用。经常这样做，你的读者和粉丝会把你的脸书账号看成他们获取有用信息和知识的重要渠道。

❖ 在其他账号页面看到你的顾客可能会感兴趣的产品或服务内容，可以及时转发分享。

❖ 对读者的评论进行跟进。回答他们提出的问题，对其评论给出回复。你是这个线上社区的代言人，所以一定要积极发声。

❖ 了解脸书的数据统计方法，密切关注政策变化。和所有的社交平台一样，脸书也在不断发展变

化。掌握脸书是如何计算更新帖的浏览量的，对
具体的算法变化要保持密切关注。你可以从谷歌
上搜索相关信息，掌握其动态，从而确保更多的
人看到你的帖子。

### 5. 推特

推特追求快节奏并以潮流趋势为导向。推特的发文
一般很短，而且稍纵即逝。你可以把推文想象成新闻头
条：目的是简明快速地传达一条信息；可能的话，读者
会点击相关链接了解更多内容。

❖ 阅读大量推文。如果你的公司或业务刚刚入驻推
　特平台，那么你需要一段时间学习和掌握成功推
　文的写作技巧。多读读其他公司发布的推文。重
　点关注他们的写作风格，形成自己独特的品牌
　声音。

❖ 定期发送推文。断断续续地发推很难保持你的曝
　光率，也不足以吸引读者和粉丝。

❖ 转发分享对顾客有用的内容。可以转发其他账号
　发布的有趣内容。研究一下你的读者和粉丝的兴
　趣点，激发自己的灵感和创意。

❖ 学会使用主题标签，让你的推文更易于搜索。如
　何有效地利用标签，可以向推特平台的支持中心

寻求更多信息和帮助。

❖ 对读者的反馈进行积极答复，向转发你推文的人表示感谢。推特的意义就在于积极参与和互动。

### 6. 领英

领英是一个商业领导力平台。人们广泛利用这个平台进行求职和社交，而公司则通过领英联系潜在客户并扩大影响力。

❖ 在领英平台注册之前先想好你的目的是什么。里面的内容很多，很容易迷失方向。你是要寻找新客户？推广一个产品？寻求合作伙伴？还是招聘员工？一定要在心中把握好你上领英平台的目的。

❖ 领英平台会为你提供各种支持，帮助你实现目标。认真研究一下"领英帮助"页面的内容，充分发挥其优势。

❖ 在领英平台上创建公司网页。这是免费的，而且你可以利用公司标识和图像对页面进行设计和修饰，为公司量身定做。

❖ 花心思认真制作公司简介。简介模板上空间是有限制的，所以尽量突出那些对客户真正有意义的内容。

❖ 完整的公司概况包含公司领导人简介、求职应聘（你可以发布招聘信息以及宣传公司文化）和员工感言等。领英平台提供很多有用的文章，能够帮你更有效地制作这些页面。

❖ 和其他所有社交媒体一样，你在使用领英的时候也要积极投入，要安排专职人员定期更新公司页面。可以发布一些公司新闻或者分享一些思想领导力的文章，还可以在平台上推送一些博文。

❖ 增加读者和粉丝。你可以从公司内部的人入手。让你的所有员工将公司添加到个人账号和页面，要求他们对公司发布的信息进行转发和评论，以吸引更多的读者和粉丝。

❖ 考虑增加赞助内容进行公司推广。发布赞助广告能让你获得资金去针对领英的目标读者推广公司更新内容。

## 新闻稿

你的公司是否要发布新的产品、服务或者上新项目？是否要拓展新的业务领域？是否做了一个重要的任职安排？这些情况下，你需要撰写一篇新闻稿向媒体公布这些信息。

### 1. 新闻稿的写作目的和写作对象

新闻稿的目的是让新闻媒体将你公司的重大新闻事件发布出去。你通过新闻稿向专业的新闻记者提供内容信息，希望他们能够将此信息以新闻形式发布。

如果你能够将新闻稿直接发给某位特定的记者，而不是某些新闻机构，那么你的公司新闻被媒体发布的概率会更大一些。尽量找到那些对你公司新闻可能感兴趣的记者名单。

### 2. 像记者一样思考

新闻稿的读者都是专业的新闻记者，因此你要像记者一样思考，让你的新闻稿能够对他们产生吸引力。你的新闻稿对他们来说越简单越省事，他们就越有可能将其发布到公众媒体。

如果你的新闻稿写得很成功，记者就会直接把它作为初稿来用。你可能看过多篇不同的媒体文章报道同一件事，而且文字表述也差不多，这就是因为那些记者在撰稿时依据的都是同一篇新闻稿，都是在原稿的基础上写出来的。有时候记者们甚至会直接使用新闻稿的内容，只是稍稍修改而已。正因如此，你在撰写新闻稿的时候一定要像记者一样去思考，要把它写得像真正的媒体新闻。就像你在报纸上看到的文章，信息要全面完整。你的文章内容清晰、文字简洁、句式短小精悍，记者们就会更愿意选择你的文稿用于新闻发布。如果不是针对某些特殊行业的媒体，尽量避免使用太过专业的术语。即使在必须使用专业术语的情况下，也一定要用普通读者能理解的方式对术语进行简单的解释。

### 3. 开篇要有力度

像记者一样去写作，很重要的一点就是新闻稿的开篇要有力度，最重要的信息一定要放在第一段。假想你的读者只会阅读文章的第一段，而你必须要让他们了解你的主要内容和观点。因此新闻稿第一段必须能够回答记者们以下问题：什么人？什么事？何时发生？在哪里发生？为何发生？怎样发生？

像记者一样去写作，还意味着你必须使用"倒金字塔"的写作结构：把重要的新闻要素和概述信息放在新闻稿的开头，而具体信息放在其后。把最重要的信息放在开篇，即使读者中途放弃，你也能确保他不会错过任何关键的内容。

### 4. 让你的新闻稿具有新闻价值（像写新闻一样去写新闻稿）

大家为什么会关注你的新闻？如果你所在的是一家大公司，像高层招聘、新产品发布、新市场业务开展等信息都会让商业新闻媒体很感兴趣。而如果你经营的是一个小企业，让你的公司新闻具有可报道的新闻价值就会更具挑战性。你在构思新闻稿的时候，要站在最终端读者的角度去思考，这些读者可能是对你新开的日托中心、会计事务所或者瑜伽馆等感兴趣的人，想了解你公司的相关信息。那么新闻价值在哪里？哪些信息是值得大家关注的呢？即便你的公司业务只是填补了社区某个方面的小小空白，也可能就是新闻价值所在。

你可能会希望你的新闻稿能够吸引大家更加关注你的公司，但是一定要把新闻稿写成新闻，而不要写成公司的宣传推广文章。强调事实，讲述事件。不要写成推销文案，避免使用过于感性的语言或者过于主观的表达。

**5. 使用标准撰写格式**

一篇新闻稿应该具有正规标准的撰写格式。如果你想让记者们认真对待你的新闻稿，一定要确保其格式正确如下：

**即时发布**（或注明发布日期）

联系人及具体联系信息。

新闻标题。

国家、城市、日期。

首段：呈现重要的新闻要素和内容，包括时间、地点、人物、事件、起因、经过、结果等。

中间段：内容要简洁明了，易于浏览。

首页底端（如果还有下一页）：标明"-more-（更多）"（前后要有连字符）。

次页顶端：标题缩写。

次页：首页未完的内容。

末尾段后再次标明联系信息。

文末：用符号 ### 标注显示新闻稿结束。

### 6. 反复检查和修改

撰写新闻稿一定要反复检查和修改，尤其是对新手而言。你的初稿很可能会篇幅过长或者主旨不明确。修改的时候，检查一下内容是否都是最重要的信息。把文章篇幅控制在两页之内：新闻稿的篇幅越长，读者的注意力越容易分散，因此一定要内容紧凑、重点突出。不要忘记标明你的联系方式，让对方想了解更多信息时能够及时找到你。

查看新闻稿范本以及格式模板，可以访问我的网站 www.howtowriteanything.com。


## 演讲稿

有人说，约四分之一的美国人惧怕公开演讲和发言。

不过幸运的是，如果你做好充分的准备，就能建立起足够的信心，让你的演讲无论对自己还是对听众而言都是一次美好的经历。掌握正确的分析方法，可以使你摆脱很多关于公开演讲的顾虑和烦恼。

**1. 让演讲目的成为指导方向**

你演讲的目的是什么？是对听众进行激励、教育、说服、娱乐，还是几者兼顾？活动的组织者向你说明他们请你做演讲的目的和方向了吗？明确你的演讲目的，使其成为整个过程的指导方向。如果你在撰写演讲稿时偏离了主题，一定要返回来问问自己：我的演讲目的是什么？

**2. 了解听众的需求和期望**

很明显，听众对你的演讲内容是在倾听，而不是阅读。明白这一点，能够帮你更好地撰写合适的演讲稿，但对听众分析和了解的方法是不变的。你对你的听众了解多少？如果你对他们并不了解，可以询问组织者。他们的思想和观点是什么？他们想从你这里得到什么？他们对哪些话题最感兴趣？试着把自己放在对方的位置去聆听你的演讲，进行换位思考。你怎样才能最大限度地满足他们的需求？

一个有效方法是在你的听众中假想一位典型。他是谁？他对这个话题了解多少？他最关注的是什么？你可以为他提供哪些感兴趣的内容？相较于面对整个听众群体，选出其中一位听众作为假想对象，会让你的演讲稿写起来容易很多。

### 3. 演讲开头要有感染力

演讲的开头必须要有感染力，这样才能吸引听众的注意力。讲笑话一直以来被认为是个不错的开场方式，但也并不是所有人都赞同。如果你决定以笑话开场，那一定要确保你的听众会乐在其中。

以笑话开场往往很奏效，因为它能够打破冷场而活跃气氛。其他一些更实在的开场形式包括讲述故事、引用名言、提出问题等等。演讲正文的内容要很自然地从开场实现过渡，比如，前面讲述故事是为了引出后面相关的内容；引用名言是为了后面更好地展开论述；提出问题是为了后面更好地分析解决问题。总之，你的目的就是紧紧地抓住听众，让他们饶有兴趣地认真聆听你的演讲。

### 4. 把握演讲的内容

毋庸讳言，你演讲的主题应该是听众比较感兴趣的才行。如果几个主题不确定如何选择，可以和活动组织者沟通，听听他们的意见，选出最合适的那个。组织活动的每个人都希望你的演讲能够成功，所以你完全可以相信他们的建议。

选定主题后，接下来要确定演讲内容的范围。记住，人们是来聆听你的演讲的，而不是阅读你的演讲稿。所以正确的做法是尽量缩小范畴、简化路径。不要指望自己通过演讲把这个话题涉及的所有内容都全面地呈现给听众。与其面面俱到，还不如选择一个好的角度进行深度挖掘。演讲的主要内容最好不要超过三个部分。一般来说，倾听者往往会比阅读者注意力集中的时间要短。

即便你认为演讲时可以脱稿，最好也要把演讲稿全文都写出来。这样可以迫使你更加精准地确定演讲的范围和深度，同时还能帮你稳定紧张的情绪。站上讲台做即兴发言会让人十分紧张不安，尤其当你不是很习惯这种演讲方式的时候。这时有演讲稿放在面前便会极大地增强你的自信心。（一定要打印出来或者以较大的字体显示在你的平板设备上；你应该不想在演讲过程中因为看不清楚而总是眯着眼睛去仔细辨认文字吧。）

撰写演讲稿的时候，时刻提醒自己平均演讲速度为每分钟大约一百二十个词。用这个标准掌握文稿的长度。不要指望一稿定音，初稿往往需要多次修改。一种很有效的方法是，请同事或朋友审阅你的演讲稿，或者更好的是，你模拟演练一下让他们亲耳聆听，然后提出反馈意见。你在练习的时候，会发现需要修改的地方，比如有些语句在文稿上看着没有问题，但读起来却感觉不对或是很难清晰地读出来。你或许会感觉文章读起来节奏和韵律不合适，需要对句子的长度进行调整，还可能发现缺少了某些内容需要补上，或者演讲稿的篇幅过长需要删减。给自己留出充分的时间去做这些工作，不要等到最后时刻才开始对演讲稿进行修改润色和练习。

演讲稿各部分内容之间要有清晰的过渡。人们在阅读过程中如果没有跟上作者的节奏，还可以翻回去再读一遍；可是对听众来说，这是不可能的。演讲过程中每部分内容结束时要进行简短的小结，并在转换内容或观点时给予大家明确的提示。如果你在讲一些历史事件，一定要让听众对他们所在的时间轴有个清晰的概念。想好演讲的结束语，不要让听众感觉你的演讲突然收尾，十分不和谐。整个演讲过程中你都要设身处地为你的听众着想，最大限度地提升他们的聆听感受和体验。

结束语要好好打磨一番，让其充满力量和感染力。要让听众能够记住它：可以是个人观点的总结，也可以是个动人的故事抑或其他形式的漂亮收尾。演讲结束，听众留给你的应该是频频点头的赞许和一脸满意的笑容。

最后，演讲稿长度要与给定的演讲时间一致。不要超时，最好在规定的时间内稍微提前一些结束。忠于原稿，不要总是想着在演讲过程中临时加入更多内容。最好为你的听众留一丝悬念，让他们希望你再多讲一会儿，而不是希望你赶紧下台离开。

## 讲述故事的艺术

在高中的图书馆里我一直不停地打盹儿，直到最终拿起老师指定的一本书开始阅读。这本书是关于一九四九年中国革命的。一看到那书的厚度我就不禁心生厌倦，但也不得不硬着头皮读下去。突然，书中的一个故事深深吸引了我，让我的眼前浮现这样的画面：一个女人抱起两个孩子，随手抓起几件行李背在身上，匆忙地逃离自己的家园。手中还牵着另一个刚刚学会走路跌跌撞撞的孩子，她头也不回地离开，知道自己可能再也没有机会回来。我似乎听到了一个人内心挣扎的声音，这种挣扎存在于对美好生活的向往和对未知世界的恐惧之间。

后来这本厚厚的书成为我读过的最着迷最难忘的书之一。通过对那个动荡历史年代下具体事件中的人物故事的描写，作者让我真正理解并更容易地记住了当时极其复杂的社会政治问题。

即便是在商务写作中，讲述故事也会产生明显的效果，它会让读者的阅读兴趣骤然提升。这是一种通过叙述人性化的小故事去阐明或强调自己观点的写作艺术。我们应该掌握这门艺术。

无论你从事哪个行业，终极目的都是要对人类产生某种影响。首先，思考一下你想要的目标和结局：你的读者是谁？你到底希望他们在读完你的文字后做什么、想什么，或者有什么样的感受？然后，通过讲述一个"以人为本"的故事（或许你的文章就是以讲述故事开篇的），生动形象地展示你的主要观点，引导读者，最终达到你的写作目的。

所谓"以人为本"，并不是说你写的故事一定是关于人的。也许你讲述的是一条狗对你们公司喂予它的食物情有独钟，也许是关于一幢废弃的房屋在你们公司的投资建议下焕然一新，等等。可不管是什么样的故事，要想让它展示出最强的感染力，这个故事必须对人产生了一定的影响。这种影响或直接或间接。

有时候是不是找不出真实的故事？没关系，写作中的破格定律允许我们对故事进行一定的虚构，当然是建立在合理的事实基础之上。举例来说，我开始读那本关于中国革命的书时，实际上是在家里，并不是在高中的图书馆。可是那样的虚构提高了我的写作效率：我只用"高中的图书馆"几个字就可以把意思表达清楚了，而不用再去解释"我当时在家里读书，而那个时候我正在上高中"。只要不要求故事必须是真实发生的，那你甚至可以对故事情节进行合成。比如你在讲述一个内布拉斯加州的女人的故事，"她向窗外望去，看到了……"，而事实上你的故事原型可能是"我的邻居向窗外望去，看到了……"。结论：讲述一个有趣的故事，把读者的注意力吸引过来，后面的内容他们自然也会有兴趣读下去了。

雷切尔·克里斯马斯·德里克：自由撰稿人。"城市定居协助会"业务沟通和资金募集部主管。该机构为经济适用房非营利性组织。

## 个人简介

商务性个人简介就是一个简短的个人职业履历。它不求面面俱到，而主要强调你职业生涯中最重要的事件，简单说明一下你的职场经历和自身价值所在。这种个人简介经常用于不同的商务场合——公司网站、宣传资料、介绍入场等。

如果你还不知道如何下笔写个人简介，可以看看是否有人能为你提供一些模板。放在公司网站上的个人简介通常会有标准格式。领英平台也是写作个人简介时可以利用的重要参考渠道。

### 1. 明确简介目的

个人简介的目的是要介绍自己，不是要记录或罗列你从事的所有活动内容。根据不同的使用场合，你的介绍可能会是以下几种情况：

- ❖ 在您招聘的这个岗位上，我具有丰富的工作经验。您可以十分放心地聘用我。
- ❖ 关于这个话题，我是专家。我的发言和建议将使您受益匪浅。
- ❖ 我在业界成绩斐然。我会成为贵公司的一笔宝贵财富。

很多商务人士都持有几个版本的个人简介，以用于不同的场合。

### 2. 把握简介内容

个人简介的目的直接决定其包含的内容。考虑清楚哪些人会阅读你的简介，他们想看到什么，哪些内容会打动他们。为公司网站以及宣传资料设计的个人简介应当突出你为客户解决实际问题的丰富经验。为报告演讲或慈善活动准备的简介则可以将内容扩展一些，你参加的慈善活动都可以加进去。在领英上的个人资料则应该更具个人魅力，应该根据新的职位角色去定位自己。你可以描述一下你在原来公司的重要地位，也可以强调一下你承担的重要项目工作以及取得的业绩和成就。

构思个人简介的内容时，回顾一下自己的职业生涯轨迹。你的职业生涯转折点有哪些？什么样的价值观和兴趣促使你做出了一些重大的决定？怎样把这些零散的信息整合在一起？记住，个人简介不是散文格式的简历，它是你独特的个人经历和成就的综合体。

不要指望在简介上列出一串长长的客户名单去打动读者，这样的个人简介往往显得缺乏深度。记住，你的简介是要介绍你自己，所以不要光想着罗列太多事实和数据，而是要向读者展示你的特殊价值和与众不同。

撰写个人简介时需要履行保密责任。对一些特殊的交易或客户，你或许不可以随意提及或透露。不过，如果把重点放在你自己的角色和所取得的成绩上，有时谈一谈也无可厚非。

常规的个人简介写法一般是运用第三人称，就像你在给他人写简介一样。使用客观的语气和口吻，强调事实。有些个人简介也可以使用第一人称，比如在企业家的网站上或者领英平台上的个人资料。

### 3. 对简介进行修改润色

你的个人简介初稿往往会写得太长，需要反复修改、精简内容。个人简介一定要简短，篇幅控制在一页以内。你的职位级别越高，内容长度越难控制。自己认真想一想，什么才是你职业生涯以及兴趣发展历程中真正重要的东西。写下来，但不要赘述细节。

### 4. 对简介进行实时更新

当今世界发展变化很快，你的个人简介也要与时俱进。手中应该常备实时更新过的个人介绍和简历，等待机会不时降临。在更换工作、职位升迁或者取得显著业绩和成就时，你都应该对自己的简历、简介、领英上的个人资料等进行及时的信息更新。

### 5. 个人简介范本

下面是一个发布在公司网站上的个人简介范本。

马克斯韦尔·森纳是塞尔帕特公司直升机部中国分部的主管，一直致力于为亚洲和澳大利亚的客户提供热忱的服务。

他曾任职于几家亚洲最大的操作转换领域的制

造公司，并在多个政府委员会担任制造业效率和标准方面的行业顾问。除此以外，马克斯韦尔还是创新论坛的创始人。该论坛联合企业界、学术界以及政府打造了一个平台，旨在推动多方对话，为发展可持续性的、生态友好型的加工制造业提供具体可行的计划和方案。他还服务于鼓励年轻女性从事工程学行业的非营利性机构 ETICA 委员会，还是上海最大的私立学校的董事会成员。

马克斯韦尔于二〇〇四年进入塞尔帕特公司。之前他曾经担任 DBH 工业公司驻南美及中国地区的高级工程师。

## 职场人事篇

### 求职简历

求职简历不仅仅是对你职业生涯的简单记录。通过对内容的精挑细选和完美呈现，你的简历应该在讲述你的职业经历的同时展示出你自身与应聘职位的完美契合。对于不同的应聘职位，需要对简历做相应的修改和调整。有时候一个小改动会带来大不同，直接影响招聘公司是否给予你面试机会的决定。

### 1. 你写简历的目的是什么

提笔写求职简历的时候先想一想你的写作目的是什么。毋庸置疑，你是想找份工作，但没人能够光凭一份简历就拿到想要的工作。简历只是求职路上的一步而已。附上求职信，你的整个简历应该让对方读完之后产生一个结论。那就是：我想安排这个人进行面试。

所以，求职简历的写作目的就是拿到面试机会，而不是拿下工作。二者之间的区别似乎很微妙，但的确很重要。写简历的时候，一定要在心中时刻提醒自己：怎样才能让对方看了我的简历就想安排面试？

### 2. 针对简历的阅读者

当然，你根本不知道到底是谁会阅读你的简历。但是，如果你手中有相应的职位描述，你就会了解那个人是在寻找什么样的应聘者。认真阅读职位描述，把它和你的简历仔细对照，让求职简历与职位描述尽可能地相吻合（当然也要对你的工作经历和资质保持严谨诚实的态度）。

有些时候，简历的第一位"阅读者"可能是一个扫描软件而不是某个人。应对这种情况，你一定要在求职简历中加入职位描述中出现的关键词。如果能够多次出现就更好。千万不要把关键词直接搬到简历的"工作技能"一栏里，机器远比你想象中要聪明。你需要把这些词融入你的简历中，成为一体。

这种融合很关键。如果你的简历过了机器这一关，那后面将会有人亲自阅读，而且是用挑剔的眼光去读。因此你一定要让对方读了你的简历后感觉你是十分适合这个职位的人选。

### 3. 简历开头很重要

你需要在十秒钟之内让阅读你简历的人产生兴趣，因此简历的开头怎么写显得十分重要。你要充分利用简历开篇的空间，写好开头，让对方愿意花时间继续阅读后面的内容。

简历开头是否应该先写明求职目的，专家们在这一点上意见并不是很统一。但大多数人认为这种写法很老套过时。如果不是写得十分巧妙而只是明显陈述求职目的（我想找一份工作），事实上只会阻碍对方直接进入简历核心内容，浪费阅读者的时间。当然这种情况有一种例外，那就是当你在职场上面临一个很大的跨越的时候。你一直在某行业就职并具有丰富的工作经验，而现在却要应聘另一个行业的职位。这时你的简历中如果没有说明求职目的，那对方会感到非常不解。这种情况下，你要简单地解释一下你的职业改变，以及你的工作背景如何能够满足新行业领域的职位要求等。

除了以上这种情况需要写明求职目的外，大多数求职简历都是以概述开头的。一般的概述会列出三到五点内容，突出你的个人特征及优势。这些内容不是对简历中具体信息的简单重复，而是将你的职场经历整合到一起，以一种清晰连贯的方式展示出来。这种概述式写法能够对你的优势及技能进行总结，并向对方展示你对应聘公司或团队的价值所在。

写简历概述时，要站在简历阅读者即招聘经理的角度去考虑问题。如果是你在为这个职位招聘，什么样的人选是你想要的？理想的人选应该具有什么样的才能和资历？时刻思考这些问题能够让你分清履历信息的主次，知道如何写好概述。

不管你的简历开头是求职目的还是概述，你都要根据所应聘的不同职位要求对其进行相应的修改和调整。工作量会很大，但发出那种毫无针对性的简历很难让你找到合适的工作。既然已经花时间在求职简历上了，那就再多花一点点时间让你的简历更契合应聘的具体职位。这份时间和精力是很值得付出的。

### 4. 把握正确的简历内容

根据自己实际的工作经验和职业经历，在简历内容的选择和把握上你可以拥有很大的空间。不必面面俱到，也不必把你从事过的每一份工作都写进去。

求职者职业生涯的间断对大多数招聘者来说仍然是个危险的信号。如果你的简历中出现了长时间的职业空白和中断，最好在简历前附的求职信中对其进行解释说明。

### 5. 简历篇幅要简短

除非你的职业级别很高或者相关工作经历极其丰富，最好把求职简历篇幅控制在一页之内。把多年的职场经历压缩在一页之内可能不是一件易事，但却非常值得去做。这样做能促使你选择最有说服力最具相关性的内容写入简历。

如果你的级别很高，那么你的简历可能要超过一页，但还是要有选择性地展示自己的职业生涯，不要把工作经历事无巨细地全部包含进去。

### 6. 简历发出之前一定力求完美

当一个人面对着眼前的一大堆简历，他会想方设法找出一些理由拒绝它们而不是全盘接受。因此，你在发出简历之前一定要力求完美无瑕，不要让一些不认真不严谨的文字错误成为对方拒绝你的简历的理由，从而失去让对方更深入了解你的机会。

反复检查和修改简历往往会让人感到十分乏味和厌倦，几乎所有人都会到达一个难以突破的点——想把简历赶紧发出去算了，再也不想多看它一眼。一定要抵制住这种想法，继续认真地检查完善。可以请一两位眼力敏锐的朋友来帮忙。带有种种语言或文字错误的简历会让招聘者觉得你不是一个认真的人或者你对这份工作并不是很感兴趣。

最后发出之前，对照着应聘职位描述再次检查简历内容。一定要让简历中你的个人资历与应聘职位要求尽量达到完美的契合。

多花几分钟的时间对简历进行打磨和完善可能会带来意想不到的效果：对方没有理由去拒绝你的简历，甚至会向你发出面试邀请。

## 求职信

求职信是职位申请中很重要的一部分，不容忽视。花很大力气去打造你的个人简历却对附在封面的求职信草率置之，这样做很不合理。你需要认真地对求职信进行打磨，并根据不同的职位对其进行调整和修改。求职信应该能够反映出你对求职公司所做的功课以及对应聘职位的充分了解。

### 1. 写作目的要明确

你写求职信的目的**不是**拿下这份工作，而是先拿到面试的机会。理解了这一点会对你求职信的写作很有帮助。你的写作目的是要让招聘经理读完之后觉得应该让你过来进行下一步的面试。

### 2. 针对阅读者而写

求职信让你能够直接与招聘经理（或任何审查简历的人）进行主动的信函沟通，所以要充分利用这个机会。

写求职信时一定要站在对方的角度来考虑问题。他的需求和期望是什么？他想约见的是哪种求职者？什么样的信息能够吸引他的注意力从而让他在众多简历中看中你的那一份？

求职信的称呼一定要具体。如果知道对方的名字，可以直接称呼。如果不知道名字，用"致招聘经理"这样的表达要比"致相关人员"效果好得多。

### 3. 开头要明确有力

求职信的第一段很重要。首先说明你要应聘的职位（招聘的公司可能会进行多重搜索）。如果你有双方都认识的推荐人，一定向对方说清楚并表明你们的关系。强调你对应聘职位很感兴趣，并简单解释原因。最后在段落末尾简要陈述一下你认为自己非常适合此职位的理由。

### 4. 文字要简洁

求职信写作中很具挑战性的一点是，你要在短短的一页之内用文字向对方表明自己是这个职位最优秀的人选。高级职位的求职信可能会长一些，但也一定要考虑对方的阅读时间，确保信的内容与你申请的职位具有紧密相关性。

### 5. 内容要适当

根据你应聘的具体职位特点撰写相应的求职信。可以制作几个不同的模板，在此基础上进行具体写作。但无论如何，一定要学会"量身定做"，让求职信的内容与你申请的职位相符合。

在信中尽量突出与目标职位密切相关的简历内容，吸引对方的注意力。不要简单地重复简历中的信息，要进行解释说明。求职信为你提供了证明自己的机会，要利用这个机会把简历中不够明确的内容阐述清楚。

你要强调的应该是你能为这个公司带来什么，而不是这份工作能为你提供什么。表达自己对这份工作的激动兴奋以及美好的预期是件好事，但不要忘了站在对方的角度想一想，多谈谈你将如何胜任这份工作。

在求职信中展示一下你对对方公司的了解是对的，但不要过多。可以谈谈公司的历史或者良好的声誉，但前提是要和你的职业背景或工作兴趣中的某个方面联系起来。比如，公司正在做一个项目，而你恰恰能够参与这个项目做出一些贡献。如果你只是在求职信中简单地说一句"能够为谷歌工作太好了"，很显然这并不会为你在谷歌公司的求职加分。

### 6. 仔细检查修改

求职信中任何文字拼写、编辑排版等问题和失误都会很快让你从候选人的队伍中被剔除出去。因此一定要保证你的求职信**完美无瑕**后再发出去。信中的语气要十分专业。幽默以及非正式的语言都是不合适的。要向对方证明你能够以一种正式的专业的方式进行沟通。

如果需要求职信范例，可以访问我的网站 www.howtowriteanything.com。

## 面试后的感谢信

面试结束后你写给招聘方的信函属于一种特殊的感谢信。它不仅仅是一封简单的致谢函，还是你整个求职和面试过程中非常重要的一部分。面试结束后第一时间给对方发出感谢信，能够让你在众多求职者中脱颖而出。

### 1. 写作目的的策略性

你在面试结束后写感谢信，不仅是要向对方表达谢意，而且要借此重申你对这个工作机会的极大兴趣并对面试过程进行补充和推进。认真思考一下整个面试过程中的谈话细节，让你的感谢信对此产生一定的加深和促进作用。

### 2. 针对阅读者而写

在面试的过程中把太多的心思放在你自己身上是很正常的事情，但写感谢信的时候就要多考虑一下对方了。不要含混不清地发一封形式上的感谢函了事，要充分利用这个机会加深与对方的接触，进一步深化和扩展先前面试的信息和内容。

信的结尾，表达你的良好祝愿，希望招聘者能够找到职位的最佳人选。当然，你希望这个最佳人选会是你自己，但这样写会显得你非常专业非常礼貌。

### 3. 对内容的准确把握

信的开篇首先表达对招聘者的感谢，告诉对方你很高兴能参加这次面试并认识对方。重申一下你对该职位的极大兴趣。如果面试中某些环节让你对这份工作更为期待，一定向对方说明并阐释原因。不要只强调这个工作会给你带来什么，而要突出你会为对方公司做出哪些贡献。

一定要在信中重述一下面试中的关键细节。如果你对面试谈话中的某个话题有新的想法和补充，可以在信中简要陈述。

这里要注意的是，你的表达一定要简洁、中肯。你要向对方表明你对这次面试很用心，并且进行了更深入的建设性的思考，而不是要长篇大论地对面试进行分析和总结。这部分的内容最好用几句话完成。如被录用，你会有哪些具体职责或者可能会做哪些工作调整，这些内容都不要在信中猜测和提及。

如果有些工作经验或资历没来得及在面试中提及，你可以放到感谢信中来讲。还要向对方表示你可以提供更多的个人信息，并愿意安排进一步的会面。但在这一点上不要显得太过主动，不要认为你一定能有二次面试的机会。表明你对此很感兴趣就可以了，就此收笔。

### 4. 仔细检查修改

面试结束后的感谢信和面试之前的求职信同样重要，所以要多花些心思确保在其发出之前万无一失。仔细检查和修改。请自己的朋友或家人帮忙审查是否有错误。不要感觉气力已耗尽，你可能离这份工作仅有一步之遥了。一定要让这封信展示出更好的自己，而不是草率应付了事。

## 与千禧一代职场沟通的五点提示

说起来是老调重弹，但却是经久不衰的道理：每一代人都有其独特之处和自身价值。令人遗憾的是，很多时候这种势能却在跨世代的转化中消失殆尽。更糟糕的是，这种现象本来是完全可以避免的。为了确保职场上各项工作的顺利进行，我们应该从关注跨代沟通开始。毕竟，我们相互理解了，才能一起合作；我们一起合作了，才能共同成就。

作为千禧一代的一员，我知道我们的沟通方式对很多人来讲都显得十分特别和异类。如果你对这个看似很大的障碍感到非常沮丧，我劝你不必担忧，其实真正和我们进行沟通远比你想象中要容易得多。我很确信地讲，我们千禧一代能够为大家提供太多的能量和价值，非常值得每个人认真学习一下如何与我们正确地沟通。

**激发共鸣。**请不要忘记，职场是让我们这一代人经常产生焦虑的地方。我们很确定婴儿潮出生的那一代人并不喜欢我们，而且我们对后大衰退时期的经济担忧是非常强烈的。你可能认为千禧一代胆子很小或者十分冷漠，可事实上我们只是很焦虑很担忧。我们有很多的想法，却不知道是否有人愿意倾听。你在与千禧一代沟通时请先了解这一点。

**敞开心扉。**当你千禧一代的同事充分展示自己的观点和见解时，你可能会收获良多。重申一次，每一代人都有自己独到的有价值的观点。学会倾听这一代人能够让你的公司更加了解这个年轻的群体，提升社交媒体的营销水平或是找到合适的事业或慈善活动，等等。这一代人很多都是职场新手，刚刚参加工作，他们可能还并不熟悉团队会议的运作机制。这时，在前几次会议上简单问他们一句"对此你有什么想法？"会让这些年轻人尽快适应职场的工作节奏和氛围。

**接受新技术。**每个人都知道，千禧一代对现代技术具有与生俱来的天赋。从我们平时喜欢使用的沟通方式（比如，我们更愿意发短信而不是打电话）就能看出这一点。熟悉一些现代的技术平台，不但能够与这些年轻人及时互动，同时也是公司在瞬息万变的商务世界里发展的关键步骤。

**描绘蓝图。**总的来说，千禧一代都很希望自己在一个具有影响力的大格局中工作。知道自己工作未来的宏伟愿景后，他们往往会勇于争先，在同事中出类拔萃。设定一个宏大的发展目标不但会让这代年轻人在工作中充满激情，也会对公司未来的发展和长远目标的设定产生推动作用。

**保持透明。**你们可能经常听人说我们这代人不能被轻易打击，可事实上我们是在建设性的批评中成长，更喜欢听到一些毫无粉饰的真实评价。我们非常希望自己能够不断成长、更加专业，所以还是不要浪费时间为好，这样对每个人来说都更好办。如果你们能够以诚相待，公开透明地给予我们反馈和意见，我们将会取得更快更大的进步。请别见怪。

悉尼·施特劳斯：西北太平洋地区作家。

## 职位描述

在很多大公司里，职位描述的撰写都是由人力资源部门、职位所属部门以及与新雇员一同工作的主管共同完成的。许多公司都有现成的模板供参考。而对于一些小公司，职位描述很多都是主管们自己撰写。不管公司大小，花费一些时间和精力认真打磨招聘职位描述都是十分必要的。

### 1.明确你的职位招聘目标

动笔撰写职位描述之前，一定要先明确这个职位真正需要什么。当然，许多工作岗位都是随着时间不断变化的，尤其是崭新的职位，定义起来更加困难。但为了节省你自己、你的同事以及应聘者的时间和减少麻烦，一定要尽量把职责解释清楚，准确地撰写职位描述。这样也能够让你最终找到合适的人选。

职位描述主要是对岗位职责和职位要求进行概括，并介绍这个岗位在整个公司的位置和角色，还可以把业绩考评的相应规则和框架加进去。这些内容在进行面试之前确定下来都是非常重要的。

**2. 正确把握职位描述的内容**

一份准确完整的职位描述应该包含以下内容：

基本信息：职位名称、所属部门、上级主管（包括虚线表示的上级领导关系图）、薪资水平。

岗位职责：列出该岗位的一系列职责以及相对应的工作目标。岗位职责一般会按重要性排序，有时还会列出各自的百分比。（占比百分之五以下的不重要的职责可以省略。）

职位要求：对候选人的要求也按重要性列出。这部分有时候会分成"最低要求"和"首选要求"。（撰写这些职位要求一定要认真。如果你提出的最低要求过多，可能会吓跑一批符合条件的候选人。）

特别要求：可能包含必要的测试、执照、许可、审查等。

一些公司还会设置"理想人选"一栏，来具体描述对候选人的资历、背景以及态度等方面的要求和期许。不管你在职位描述中是否真正加入这一栏，"理想人选"的遴选过程都会帮你更加准确地定位你真正需要的人。

可以附加一个栏目，介绍你们的公司文化、价值理念以及使命愿景等。这些信息可以让那些比较合适的候选人更快地确定自己是否愿意在此公司工作，同时也能帮助他们更好地准备下一步的面试。

职位描述中薪资问题的处理比较复杂。有些公司直接讲"薪水与工作经历直接挂钩"。这种模糊的说法会使很多应聘者打退堂鼓，同时又会使许多不符合条件的候选人前来应聘。大多数公司在如何处理职位描述中的薪资要求方面都有自己的政策和规则。如果你经营着自己的一家小公司，最好是在职位描述中列出具体的薪金水平。

### 3. 对外发布之前要做到万无一失

你发布的职位描述应该是最新的和准确无误的，不要指望在后面的面试中还可以对其进行修改和重新解释。尤其是新的职位或者旧职位发生很大变动的时候，必须在撰写职位描述时进行多次检查和修改。请同事们帮忙审查，最好是那些将和新雇员直接打交道的经理和主管们。尽你所能，让这份对外发布的职位描述准确无误、万无一失。

## 招聘广告

一则优秀的招聘广告能够吸引大批优秀的候选人前来应聘；而糟糕的招聘广告则会让诸多并不合适的应聘者纷至沓来。好的招聘广告能够准确地对招聘职位和公司进行描述，并能吸纳符合职位要求的人选。认真撰写这样一份招聘广告是非常必要的。

### 1. 开篇要有力

求职者在找工作的过程中往往要研读很多招聘广告，而你总是希望你的那一份会对他们产生独特的吸引力。想要如此，首先就要对你想要招聘的人选类型进行准确的定位。你所要的理想人选是什么样的？把招聘职位的关键要求以及理想人选的典型特征详细地列出来。如果你不是候选职位直接的上司，看看谁是，找这位上司谈谈他对这个职位候选人的具体要求和期望。另外还要花些时间准备一下公司的资料。公司的文化是什么，人文环境怎样，公司的愿景如何，工作氛围是什么样的，等等。

### 2. 内容要准确

如果你是在 Indeed 或者 Glassdoor 这样的猎聘网站

上发布招聘广告，可以充分利用平台提供的各种写作模板和指南。查找一下相关职位的列表，以它们的招聘广告作为范本。招聘广告的内容应该包含对公司的大致介绍、对公司使命以及工作环境的简要描述。拟聘职位的要求要具体，最好逐条列出。公司的一些福利制度，如保险、休假、退休等，也应有所提及。一些额外的特殊津贴，像弹性工作时间、远程办公以及学费报销等，如果有，同样要包含进去。注意招聘广告中关于薪资内容的处理——很多公司都会列出具体的薪资范围，这样可以确保更契合要求的应聘者入选。如果对招聘职位有最低要求，一定要提出来并特别强调：应聘者务必满足这些基本条件，否则公司不予考虑。最后，招聘广告中还要说明应聘者应该如何申请具体职位。

### 3. 发布之前要反复检查修改

你的初稿篇幅很可能会太长。招聘广告不应该包含全部的职位描述内容，而应该只谈及该职位主要的应聘条件。仔细检查初稿，看是否存在"做事积极主动""善于团队合作""上进心强"这类俗套的表达。这些词经常被滥用，已经不能带来更多的价值和意义，只是徒占篇幅而已。检查文中对拟聘职位的描述是否过于夸张或渲染过度，是否忽略了对这个职位以及公司实质性的介绍和描述。如果你的招聘广告读起来像是推销信或夏令营的宣传广告，那一定要进行调整，降低"语调"。最后，要确保招聘广告从头至尾都是真实的，没有假话。如果你提供的薪金低于平均水平，如实表达就好，不要找借口说你的补偿性收入会"很有竞争力"。让对方有错误的期望值会导致不必要的失望，并且也浪费时间。

需要招聘广告的写作范例，可以访问我的网站 www.howtowriteanything.com。

## 利用模板来提高你的写作效率

如果你经常撰写某一特定类型的文件，可以考虑制作一个写作模板，这样就不必每次都从头开始了。撰写像职位描述这样的文本类型，很自然地就会有模板可以参照。其实，只要是撰写频率很高的文件，你都可以从中提炼出基本的框架结构制作成模板使用。我的一个客户任职于一家猎头公司，经常会给各大公司写信推荐一些高级职位的候选人。我们就为他制作了一个候选人推荐信的模板——第一段为引言；第二段介绍候选人的背景；第三段说明候选人与职位的契合度；第四段描述候选人对此职位的兴趣和关注度。依照这个模板，我的客户大大提高了写作效率。模板具有很高的灵活性，能够根据各种情况进行调整使用。

你是否也经常重复性地撰写同一类型的文本呢？如果是，那就很有必要制作一个写作模板了。这样可以大大节省你的时间并提高你的写作效率。

## 绩效评估

绩效评估的撰写是很难的，其中包含很多原因。首先，你并不是每天都写这个，即便你是个经验十足的管理者也是如此。其次，绩效评估会产生比较持久的影响，这就要求其公平性和准确性，因此会对评估者产生不小的压力。员工人数比较多的大公司往往会为管理者撰写绩效评估制定一些准则和规范。如果有，要充分利用。

### 1. 动手准备

首先，毋庸讳言的一点，绩效评估的整个过程必须是保密的。要留出时间进行信息的收集和文本的撰写。不要在最后一刻才动手。你可以要求员工也参与到这个过程当中来，让他们提交自我评价和总结。这样，员工会产生认同感和参与感。而且他们对工作的细节以及这一年来工作中遇到的困难可能比你更加了解。写总结的时候，一定要回顾全年，不要只关注眼下或最近的工作。可以通过翻看电子邮件往来记录查找回忆相关信息。

## 2. 内容准确

在绩效评估中，既要展示工作中取得的成绩又要指出需要改善的地方。再有问题的员工也有成功的一面；而再优秀的员工也有进一步提升的空间。如果处理得当，绩效评估既是对员工成绩的认可，又是对其来年工作进步提升的支持。内容要具体：把员工做得好的或者不好的某些项目或活动特别指出来进行说明。在回顾过去的同时也要展望未来，为下一年设定具体的目标：计划的培训项目、新赋予的责任以及任何你能想到的能够让他们成长和进步的方面。绩效评估尽量使用中立性、描述性的语言。避免主观情绪化，不要加入任何个人评论和意见。

## 3. 检查修改

时间允许的话，最好在写完初稿后沉淀几天。这样可以让你有机会对写的内容进行重新审视和检查。一定要确保绩效评估中没有出现过于激进的赞扬或者过于严苛的批评。全文的写作语气应该是平和而专业的。如果你大力夸赞某个员工是这个职位上最优秀的，那么将来一旦情况有变你想辞退他就会很难了。如果你给一个员工写了非常不友好的恶意评价，那么将来他若面临解雇也可能会拿出来说事儿。员工工作中有什么具体问题，一定要明确地指出问题的严重性：员工需要面临解雇还是有改进的空间？你写的绩效评估应该是对员工整体表现的准确而专业的描述和评价。

需要绩效评估的写作范例，可以访问我的网站 www.howtowriteanything.com。

### 4. 撰写自我工作评价

在公司的绩效评估过程中如果要求你写一份自我工作评价，你可以借此对自己的工作表现进行更为积极的总结和评估，促进自己在公司的进步和成长。写好自我评价无论对公司还是对你自己，都是有益的。

写好自我评价，以下是几点提示：

❖ 明确了解公司要求的自我评价中应包含哪些方面的内容。如果不了解，要问清楚。

❖ 不要过于谦逊。调查显示，大部分职员给自己的打分都低于上司对他们的评级。不要刻意隐藏自己的锋芒。很多人夸赞自己会觉得不好意思。如果你也是这样，尝试从一个客观的角度去审视自己。假想自己是在为你的一位下属做工作评价。这个人哪些工作做得十分出色？还有哪些需要改进的地方？有时退后一步观察和思考会让你更加客观公正地评判自己的优势和不足。

❖ 利用这个机会对存在的一些问题进行探讨。如果你知道上司对某些事情不满意，那么在你的自我评价中正好可以提出这个问题，解释一下自己的观点和想法。并且可以提出问题的解决方案。

❖ 保持客观中立。如果你发现评估中有些地方弄错了，不要为难你的上司。另外找个合适的方式提出来并提供解决方法。

❖ 可以请身边的人帮忙，让他们以同事的身份对你的工作表现给予真诚的评价。

❖ 突出你的特殊贡献和成就，强调你需要改进的地方。上司对你全年的工作不会像你自己那样记得清楚，所以需要你对工作细节进行全面的回顾和评价。

## 辞职信

不管是由于何种原因离职，你都要很专业地处理你的辞职信，最后给公司留下一个好印象。

最好的做法是先亲自向公司提出辞职，然后适时递交正式的辞职信。

辞职信可长可短，你自己决定。但无论长短，一定要正式务实。

### 1. 目的明确

从根本上来讲，辞职信的目的就是向老板表达你辞职的意图并告诉他你准备哪一天离开公司。视离职的不同情况而定，有时你在信中可能还会做出一些友好的表示，以期日后和公司维持良好的关系。

### 2. 尽量简短

辞职信不需要太长的篇幅和太多的细节。最基本的内容应该包括你的辞职意图、离职的具体时间，别无其他。

如果你想多谈一些，可以解释一下你的辞职原因，这样会显得很礼貌。语气要平和，即便你的离职很不愉快，也尽量使用中性的语言。不要在信中表达你的愤怒或不满，也不要有意让老板觉得他自己做错了什么。不要对任何人加以指责。你既然已经要离开，那就坦然地离开，向前看。离职时发泄和抱怨没有任何好处，只能毁坏自身的声誉，日后定会后悔不已。

如果可以，最好对公司说一些好话，谈谈你是如何享受你的工作的：有一帮非常好的同事，工作上的挑战使你受益，你学到了很多，等等。公司对你的良好印象和评价说不定哪天就会对你非常有用。

如果你愿意帮助公司做好职务交接和过渡，在信中要说明一下。

信的结尾表达感谢。尽管不必太过渲染，但辞职信以感谢收尾会显得非常礼貌。

### 3.仔细检查

辞职信发出之前一定要检查文中的写作语气。它应该是正式而诚恳的，不应该充满怨气或者消极甚至具有攻击性。如果你很生气，你可以把真实感受全部写出来发泄一下，但是写完后要把它放到一边，不可以发出去。然后提笔重新写一封真正的态度平和的专业的辞职信。如果不确定自己信中的语气是否合适，找一位你信任的朋友看看，问问他的阅读感受。

下面是一封极其简单的最基本的辞职信范例：

尊敬的雷娜：

我正式向公司提出辞去客户经理一职。我将于九月二十七日（周五）正式离职。

感谢费希尔公司为我提供的一切机会，我在这里学到了很多，受益匪浅。祝你和团队未来一切顺利、事业有成。

杰夫诚挚献上

下面是这封辞职信的另外一个版本。这一次，杰夫在信中加入了更多内容，主动提供过渡期的支持，并提出想和雷娜保持联络。

尊敬的雷娜：

我正式向公司提出辞去客户经理一职，并将于九月二十七日（周五）正式离职。我已经在汤普森集团找到一份新工作，希望能在新的岗位上担起更多责任。

我非常愿意在过渡期协助你的工作，为我的工作接替者提供培训和支持。

感谢费希尔公司为我提供的一切机会。在与你和团队工作期间，我学到了很多，受益匪浅。祝大家未来一切顺利、事业有成。希望能够与你保持联络。

杰夫诚挚献上

## 解聘函

解雇员工向来不是一件轻松有趣的事，但一封精心写就的解聘函会使这个棘手的过程变得顺利一些，同时也可以让你免遭相关的法律难题或纠纷。

公司首先要向员工当面提出解聘，然后向其发出正式的解聘函。解聘函可以亲手递交也可以通过挂号信的方式邮寄。以电子邮件的方式解雇员工是十分不妥的做法，更别提在社交媒体上向员工发解聘函了。那样做不仅有失公司最基本的风范，也会将你拖进公众无尽的指责和烦扰之中。

如果你在大公司工作，一般都会有现成的员工解聘程序规范和准则，你严格遵照其执行就是了。如果你就职的公司没有这样的文件而你又对相关解聘程序不是很有把握，那最好咨询一下律师，让他为你把关。

### 1. 明确写作意图

如果撰写解聘函让你感觉无从下笔，那么首先明确写作目的会好一些。你的目的很简单：正式通知该员工公司决定对其解聘；告知他哪一天离职；陈述具体的解聘条件。仅此而已。

### 2. 考虑解聘对象

撰写解聘函的时候要多站在被解聘者的角度考虑问题。可以想象，对方在收到解聘函的时候肯定不会开心。但至少你可以在写信之前先和他好好谈谈，这样避免他对被解雇这件事感到十分突然。尽可能非常专业和礼貌地处理员工的解聘，最大限度地减少对对方的打击。要做到公正合理，尽量维护被解聘者的体面和尊严。

### 3. 主题开门见山

解聘函的开篇要直接进入主题：提一下你和对方先前会面的谈话，让他明白公司决定对他进行解聘，并告知他的解聘时间从哪天开始。

### 4. 注意写作内容

解聘函的写作内容要客观，不可带有主观情绪。你在撰写过程中也许怀揣失望、不满甚至愤怒，或者心中感到十分遗憾或歉疚，但都不要把这些情绪带到信函当中。不要在解聘函中向对方表示歉意。一旦将来被解聘者认为自己被解雇不公平不合理而提起申诉的时候，你的这些情绪都可能成为对你方十分不利的证据。

解聘原因并不是解聘函中的必写内容。但是，当一个员工因为某种原因被解雇，你可能还是希望能够在信中对此进行解释说明，同时回顾一下在决定解聘之前你为此采取的措施和做出的努力。如果你打算在信中对解聘原因进行陈述，那么一定要和你先前与对方谈话的内容保持一致。否则，将来一旦面临法律纠纷，很可能会有麻烦。在这方面内容的处理上如果你不是很有把握，可以咨询人力资源部门或相关法律顾问。

解聘函的内容应该能够回答该员工所有停职解聘的

相关问题：解聘生效时间、任职期限、需要办理的离职手续(比如归还钥匙、设备及证件)以及未结清的工资福利款项等。有时候还需要对该员工的任职期限进行说明。最后，在信函中留下联系方式，对方一旦有问题可以随时沟通。

### 5. 有问题及时修正

不要未经仔细检查就轻易将解聘函发出去，这一点很重要。反复检查你的写作语气是否专业和正式、是否还带有明显的主观情绪。看看是否为解聘员工提供了离职后续步骤需要的全部信息。认真审查信函的内容，一定不要给对方留下任何把柄或可乘之机而使公司日后卷入解聘相关的法律诉讼。

　　尊敬的桑德拉：

　　　　今日我们已就你的解聘问题做了面谈。现公司正式通知：你与 Eversold 的聘任关系即日起终止。

　　　　如今日面谈中所说，公司的解聘决定主要源于你的出勤率问题。今年你无故旷工十八个工作日。我们分别于今年的三月二十二日和四月十七日向你提出过书面警告。并且在六月七日对你的业绩评估中，我也曾经警告你：如果再继续无故缺勤，将面临被公司解聘的危险。即便如此，你还是屡次无故旷工，其中包括六月十二日和六月十五日两次。

你的累计休假日工资已直接计入总的工资单中，预计周五可以到账。你可以从公司前台领取支票，也可以要求公司直接把支票寄到你家。

同时你还将收到一封单独的福利情况说明函，里面列出了截止到离职时你所享受的所有福利待遇和津贴状况。信中提供了你享有的 COBRA 集体健康险续保资格的相关资料。

你的门禁卡和办公室钥匙也已经于当日的面谈中进行了成功交接。

此致

　　　　　　　　　　　卡拉·布法利诺

# 写作资源库

在这一部分，我将为大家提供一些关于写作技巧、风格等方面的指导和建议。每一项内容都没有力求面面俱到，而主要是针对商务写作中最常见的一些错误为大家提供帮助和指导，尤其是在写作者感觉最有困难的那些方面。

英语语言是不断发展变化的，而语言规则也随之不断更新。不是所有人都能意识到这种规则的变化，也不是所有人都在意这些变化。不过，从实用的角度来讲，你还是应该尽可能地在商务写作中使用正确规范的语言。这主要出于以下两个原因。

首先是因为，每个公司中都有这样一群人——他们做事一丝不苟、在意细节，而且眼光锐利、对错误难以容忍。有时候这些人还位高权重，并且往往对自己的语言文字功底很是引以为傲。对公司来说他们会成为一笔财富，而对你而言他们则可能成为很讨厌的人，总是让你对自己的写作感到很没有信心。（值得一提的是，有时候这些人也会犯错误：他们要求你修改文章，可事实上你写的并没有什么问题。）可无论你的感受如何，在工作中都必须要和这样的人共事。这时，正确掌握英语语法、用法以及写作风格能够帮助你增强写作信心、提升写作水平。

另外一个更为重要的原因是，正确规范地使用语言文字其实是大家应该切实关注的。如果沟通是你工作的一部分，那你就应该把它做好，并且引以为傲。其实，理解主动语态和被动语态的区别并不难；掌握逗号和分号的正确用法也很容易。当你在写作中努力将这些方面都做到位的时候，你会发现自己身上有了一些可喜的变化。你感觉更自信了；你会表现这种自信、传播这种自信；你通过写作使自己产生了更大的影响力。

# 写作技巧

## 突破写作瓶颈

在过去的二十五年中，我对大量商务写作者进行了各种不同的调查研究。其中，百分之七十的调查受访者都表明自己曾经或正在遭遇写作瓶颈。大多数人都时不时遇到这个问题。当这种写作瓶颈妨碍了你的写作效率，而你只能盯着空空的电脑屏幕无从下笔的时候，不妨试试以下解决方法。

## 1. 了解原因

当你遭遇写作瓶颈时，总能找出其背后的原因。突破这个瓶颈最有效的方法就是认真探究一下你**为什么**会感觉无从下笔。一个十分常见的原因是你不是很明确自己到底想说什么，可能在动笔之前你需要再花些时间好好构思一下。另一个常见的原因是缺乏自信：你总是担心写完的作品不够优秀。如果是这种情况，不要忘记：你先写完初稿，而那只是一份初稿，除了你没有人能看到它。总之，认真地思考一下自己为何感觉写不出东西来，然后对症下药。

## 2. 关起门来

如果周围有噪声或其他事情让你感觉精神无法集中，尽量找一个合适的时间和地点让自己免受干扰。关上房门、切断网络、远离邮件、关闭手机，请你的同事或家人对你开启一段时间的"免打扰"模式。安静的时间和空间能够帮助你集中精神潜心写作。

### 3. 犒劳自己

如果你经常在提笔写作前为自己准备一杯咖啡，现在你可以将这杯咖啡放在你完成一段写作之后，作为对自己这段时间潜心写作的犒赏（也可以是一块巧克力，或者是去健身房的一次放松，任何你喜欢的东西都行）。当你知道做一项工作会得到犒赏时，你往往会非常认真地开始去做它。

### 4. 把奶奶作为假想读者

有时候写作难以下笔，可能是源于你对读者读完你的文字后的反应有所担心和焦虑。这种情况下，一个很好的解决办法是你可以假想一位读者——理解你的、喜欢听你讲话的、对你不会提出苛刻的不中听的意见的人，那自然是你的奶奶了。动笔之前，先假想你这篇文字是写给奶奶看的，或者像奶奶一样对你绝对友好宽容的人。你的写作会开门见山、直言不讳、清晰简洁，不会出现大量晦涩的行业术语。这样写出初稿，后面就可以根据你实际面对的读者的需求和标准对其进行修改和润色了。

### 5. 初稿可以写得很糟糕

有时候你会觉得你的文章写出来一定会很糟糕，对吗？没关系，不用担心这个，这时候只要拿起笔写就是了。文字不合语法、词语使用不当，这些都不用管。没有人能看到你的初稿，所以尽管放开去写，一气呵成。你的初稿可能写得很糟糕，但你可以经过后期的修改把它变成一篇优秀的文字。而在这个过程中你会同时收获写作的乐趣。

注意：如果你在写电子邮件初稿时使用这种技巧，千万不要忘了在收件人一栏中填入**自己的**邮箱地址，而不是真正的收件人的。有时候很容易一不小心将邮件初稿发出去。为确保万无一失，你最好将初稿写在一个单独的文本文件中，然后对其进行认真修改后将终稿复制粘贴到真正的电子邮件中。

### 6. 换一个地点去写作

如果一直坐在电脑前写作让你一筹莫展，可以换个地方试一试。拿上你的纸笔或笔记本电脑，找一个空会议室或者走进一间咖啡馆，还可以在坐公交车或火车时随手打个草稿，等等。有时候就是这样：换一个写作环境会改变一种方式，让你的写作立刻进入状态。

### 如何提升你的写作速度

我几乎没有时间对写作进行仔细规划，而且通常要在极短的时间内对初稿进行修改和完善。俗话说，时间就是生命啊。

——引自一位调查受访者

我的大多数客户都会跟我讲，他们需要在工作中提升写作速度。我们每个人在工作岗位上都会感到时间非常紧迫，而写作已成为很多工作十分重要的一部分。下面为你提供几个提升写作速度的技巧：

使用写作模板。如果你经常反复性地写某种文件，可以花几分钟的时间创建一个写作模板，以供日后多次使用。这样做主要是为了避免每次做重复性的工作而浪费时间。模板不一定要制作得特别复杂和精美，有时候甚至一个简单的提纲就足够。随着使用次数增多，对模板也要不断地进行修改和完善，尽可能提高它的使用效率。

集中写作时间。在你整个工作日中标注出一个集中的时间段单纯地进行写作——回复所有电子邮件或者完成手边的文字工作。每天不必是同一个时间段，但必须是百分百地投入：不接打电话，也没有任何干扰。集中精力，你可以在短短二十分钟内完成很多写作任务。

提前进行构思。听起来似乎有些违背直觉，但从整个过程来看，花些时间提前对写作内容进行构思和准备可以大大节省写作时间。如果你还没有想好要写什么就开始动笔，那往往最后要花费更多的时间去重新构思和撰写，得不偿失。

最后，养成对完稿检查纠错的习惯。即使是最有经验的写作者在时间仓促的情况下也会犯错误。在文件发出前对自己的文字进行检查校正可能只需要几秒钟的时间，但纠正其中的语言错误和文字问题则会避免后续向对方解释澄清的麻烦，从而大大节省你的时间。

### 突破写作瓶颈的秘诀

写不下去，就口述出来。这是我认为突破写作瓶颈最快速的方法。

我每天都在进行大量的写作。我也曾经遭遇写作困境，对着空白的电脑屏幕发呆。有时候写下开篇第一段文字是最艰难的事情。文章一旦开头，后面的写作也就不那么难了。天啊！写第一段实在是太痛苦了。可以想象，像我这样以文字沟通为职业的在线期刊发行人，写作瓶颈会严重影响我的职业生涯。

我是怎么克服的呢？很简单的一个秘诀：运用语音听写技术。

在过去的五年里，语音识别和语音激活技术取得了巨大的进步。语音识别已经实现了智能化，它的预测文本校正功能着实让我感到震惊。可喜的是，现在这方面有很多免费的应用，你可以免费下载这些软件试一试，看看语音听写这种方式对你是否有用。

举个例子，你知道 Windows10 系统有内置语音听写功能吗？我曾经在电脑上用它向 WordPress 网站平台做文字口述。微软公司还有一款应用叫 Dictate，可以利用其更为先进的 Cortana（微软小娜）技术在微软办公系统的文件中进行口述。谷歌文档目前的内置语音输入功能（在"工具"选项下）很突出，同时各种苹果设备也能够进行语音识别和输入。当然，一些人认为自己在写作时就愿意进行口述，他们会选择比较高级的应用，比如Dragon 软件。

不管你选择哪种方式，给大家一条建议：不要一边进行口述一边急着修改或者忙着润色文章的开篇。第一步是要先把所有的文字都自然地口述出来，目的是克服你写作的心理障碍。语音输入完成几个段落之后，再回过头来对这些漫无边际的口述文字进行编辑和修改。这个时候，你或许还会想转换这种口述的写作方式，回到原先的手写文字输入，继续完成后面的写作。直到这时，你已经深深地投入到写作当中去了，口述法也起到了它的作用，让你顺利突破了写作瓶颈。这才是最重要的！

安妮塔·坎贝尔：Small Business Trends(smallbiztrends.com) 公司创始人、首席执行官，公司相关线上出版物、社区及时事通讯的发行人。每天都要进行上千字的写作。

## 校订写作文稿

对自己写的东西进行校订会是一件很困难的事。最好有其他人帮你审稿，但这并不太现实。下面这些建议告诉你如何对文稿进行自我校订，让终稿尽可能准确、完整、简洁。

### 1. 把文稿不时放一放

在校订过程中把文稿不时放一放能够让你对自己的作品产生更多的视角和想法。可能的话，把你的初稿放一个晚上，第二天你会用崭新的眼光重新去审视它。如果条件不允许，你至少可以站起来休息几分钟，让自己换换脑子想想其他的事情，然后再回来继续审订原稿。你会发现这种时间上的间隔能够让你更客观地审视自己的文字。

### 2. 假想自己就是目标读者

你的读者读了你写的东西会有什么样的反应呢？有

一种方法可以帮你回答这个重要的问题，那就是在审稿过程中把**自己**假想成你的目标读者。站在读者的角度设身处地去考虑问题。你看了这个文件会做何反应？写作意图明确吗？如果文中有行为请求，你知道是什么吗？为什么？文中漏掉什么信息了吗？语气是否得当呢？把自己假想成目标读者能够帮你很快意识到哪些地方需要修改完善。

### 3. 大声朗读出来

大声朗读你的文稿是找出文字问题非常好的一种方法。这些问题可能包括字词疏漏、语句不通以及思路不完整等。找一个安静的地方，倾听自己的朗读。你的终稿将会得到很大的提升和完善。

### 4. 剔除多余的文字

写作的初稿往往会出现文字烦冗的现象，需要进行简化。逐字逐句地检查，找出文中的废话。参考下面的例子，看看你是否也能对自己的文稿做出类似修改。

原　文：*Jackson is of the opinion that the restoration of the bases can be accomplished within six months or so.*（杰克逊的观点是，基地的重建可以在半年左右完成。）

**修改后：** *Jackson believes that the bases can be restored in about six months.* （杰克逊认为基地可以在半年左右完成重建。）

**原　文：** *In most circumstances, the practice of the committee is to weigh a variety of different opinion before arriving at a final decision.* （在大多数情况下，委员会的做法是在权衡各种不同观点后做出最终决定。）

**修改后：** *The committee usually weighs different options before making a decision.* （委员会通常会充分考虑不同的意见再做决定。）

## 5. 仔细检查纠错

对文稿仔细检查纠错是一个不可忽视的环节。不要过分信任那些文字或语法检测软件，光靠它们很多文字错误是发现不了的。比如将 code 误拼成 coed，程序根本无法识别。而且，它们根本不"知道"许多人名或产品名称的正确拼写方式。最终，还是需要你自己对文稿进行一字一句的检查并纠正。

### 6. 对烦冗无力的句式开头进行修改

明确清晰而有力的句式开头能够吸引读者的兴趣，让他们对后面的内容产生阅读的动力。对于那些开头烦冗而无力的句子，你可运用下面的技巧修改完善，从而锁住读者的眼睛。

❖ 注意那些 ... is that（……是）句式的开头。有些人写作时总是想在句子开头加一些"预热性"结构再进入主题。看看下面这些常见的例子：

*The point is that...*（问题是……）

*It is important to remember that...*（需要记住的重要一点是……）

*It is essential that...*（非常重要的一点是……）

*The purpose of X is to Y...*（甲的目的是乙……）

大多数情况下，这类结构都是多此一举。你完全可以摒弃这些开头，直接进入主题。

❖ 注意那些毫无意义的词汇开头。下面的这些短语经常在我们的写作中出现，但事实上他们在句中毫无意义：

*In many circumstances* 在许多情况下（许多是多少？真的是许多吗？还是不具有任何意义？如果你想表达"经常"的意思，就直接说 often。）

*In many ways* 在很多方面（很多是多少？注意这种写法——通常只是为了凑篇幅。如果你不能回答"有多少个方面、在哪些方面"，那这个开头在这里就是画蛇添足。）

*In order to* 为了（几乎在所有的句子中它都是表达 to 的意思。）

请大家记住：你的读者拿到你的文件后可能只是一扫而过，而不是一字一句地去阅读。这时就需要你把关键的信息放在句中显要的位置，读者一眼就能捕捉到才行。以上谈及的那些头重脚轻的句子并没有什么错误，也不能称其句式不当，但它们实际上却使得主题或关键信息滞后，影响了阅读效果。

## 如何针对移动设备端写作

你写下的几乎所有文字都可能会在手机或平板电脑上被阅读。很多网站内容营销者和文案撰稿人已经就如何更好地针对移动平台进行写作做了很好的示范。当前，从电子邮件到商务提案，几乎所有的商务文件都需要在平板或手机上被打开来阅读。因此，移动设备和平台的读者感受已经不应该再被抛诸脑后，而应成为一种常规考虑。如何使你的文字在移动端易于浏览和阅读，下面是我的一些建议。

**视觉化思考**。这一点自不必多说。你只需记住一件事：想象一下你写的内容在那么小的移动设备屏幕上将会如何呈现。一个句子就能占满手机的屏幕，意味着读者不断地翻页和滚屏才能显示很长的句子。学会视觉化地思考你的文字如何在手机或平板电脑上呈现，是针对移动设备端写作十分重要的一步。

**重要内容前置**。读者在移动设备上阅读时滚屏内容越多，就越容易放弃后面的信息而去做其他事情。所以一定要把最重要的内容放在文章前面。即使这些内容你需要在后面的文字中详细地阐述，也一定要开门见山。

**语言简洁明了**。无论你采取何种方法写作，使用简洁明了的语言都是很加分的一个优点。在移动端更是如此，它直接关系到你的写作成功与否。冗长的句式、复杂的结构以及累赘的词汇都会让对方在阅读时感到艰难费力、痛苦不堪。

**进行格式编辑**。无论是电子版还是打印版，你在写作时都应该注意有效的格式编辑——段落分隔、添加标题、编号列项、字体加粗等，这样可以便于读者浏览和阅读。对于移动端的写作，这种格式编辑更为重要。想象一下，你写了一篇商务提案，对方要在手机上阅读。

如果文件开头就是大段大段的文字，那么对方根本不知道这篇文书到底会有多长，因为他无法统览全篇。结果他只能不断地滚屏或翻页，面对这些长篇大论，最终感到无所适从。为避免这种现象，你可以通过以下方法对你的文字进行格式编辑：

❖ 使用标题行引导读者。

❖ 适当使用符号或数字进行分项罗列。

❖ 使用短句和小段陈述。

佛教中认为，万物只存在于现世。过去的已经过去，未来的还无从知晓；我们真正拥有的只有当下。你应该将这种理念应用到移动平台的写作中。在移动设备端，读者能看到的并不是全篇文字结构，上下文也相对局限，他面对的就是眼前这个狭小的屏幕。那么作为写作者，你的任务就是要在这个狭小的屏幕上将你要传达的内容有效地传达给读者。

## 写作风格

### 主动语态——让你的文字更加直接

从语法上讲，"语态"指的是句子主语为动作的施行者还是接受者。如果主语是施动者，那么句子就是主动语态：Joe kicks the ball（乔踢球）；如果主语是受动者，则为被动语态：The ball is kicked by Joe（球被乔踢）。被动语态的构成为：be 动词形式 + 实义动词过去分词，例如：is eaten（被吃掉）、are preferred（被偏爱）、was chosen（被选择）、were stolen（被偷窃）。

在很多情况下，人们写作时都会过度使用被动语态，导致写出来的东西语言单调乏味、意思含混不清。

### 1. 使用被动语态的一般原因

**为了规避责任**（"我们没有做；事情是自然发生的。"）

Our fees for services *were increased*.（我们的服务费增加了。）

An error *was made* in calculating your statement.（报表的计算中出现了一个错误。）

**为了显示权威性**

The decision *was investigated* and *was found* to be sound.（此决议经调查证明无误。）

**为了避免正面答复**

The project *is expected* to be completed on time.（项目预计按时完成。）

No inconvenience to the occupants *is anticipated*.（估

计不会给住户带来任何不便。)

### 2. 使用被动语态更为充分的理由

**不知道施动者是谁或者不想说出施动者**

The fire alarm *was set off* over the weekend.（周末响起了火警警报。）

#### 更想在句中强调受动者而不是施动者

The report *was prepare*d by Terry Monroe.（这篇报告由特里·门罗准备好了。）

（这里强调的是报告，而不是写报告的人特里。）

The new assistant *was recommended* by Jody McMarron.（新任助理是乔迪·麦克马龙推荐过来的。）

（这里强调的是新任助理，而不是其推荐者乔迪。）

### 3. 将被动结构转化为主动结构

将被动结构转化为主动结构很容易，而且句子也会变得更加简短、直接、具体，甚至更加生动。由被动结构向主动结构转化，首先要找出句中的施动者，将其变为句子的主语，然后对其他部分进行必要的变动。有时候可能根本找不到动作的施行者，这时就要分析一下施动者具体是何人何物，然后加上去。

**被动**：*The speaker was ignored by the audience for most of the presentation.*（这位演讲者在演讲的大部分时间

里都被听众忽略了。）

**主动**：*The audience ignored the speaker for most of the presentation.*（听众在大部分时间里都没有在听这个演讲。）

**被动**：*The ship was prepared for launch by its crew.*（船只被船员们准备好起航了。）

**主动**：*The ship's crew prepared it for launch.*（船员们准备好扬帆起航了。）

**被动**：*The novel was judged to be one of the best of the decade.*（这部小说被评为近十年来最优秀的作品之一。）

（该句中没有显示施动者是谁。）

**主动**：*Critics judged the novel to be one of the best of the decade.*（评论家们认定这部小说为近十年来最优秀的作品之一。）

使用被动语态的句式结构并非错误。但一般来讲，主动结构更加生动，更能吸引读者。灵活运用主动语态和被动语态能够让你的写作更加熟练和精湛。

（更多关于语态的内容，请参阅前面写作七步法则中的"第四步"。）

## 阅读、写作与领导力

哈里·杜鲁门总统曾经有一句名言："不是所有读书的人都能成为领导者，但所有领导者一定都读书。"这句话千真万确，包括泰迪·罗斯福总统和温斯顿·丘吉尔爵士在内，许多颇具影响力的领导者经常踏遍世界各地，而无论走到哪里都毫不例外地随身带着自己的"图书馆"。

我曾经有幸会见了伊利诺伊大学芝加哥分校教育学院院长艾尔弗雷德·W. 塔特姆博士。他告诉我，他会亲自用秤来给自己阅读的书称重，以确保每个月至少要读五磅重的书籍。我自己也采用了这种方法，并鼓励每个想成为领导者的人进行大量的阅读。不仅仅局限于自己涉足的领域，而是全方位多领域地博览群书。

可在这里，我想在杜鲁门总统的想法的基础上再往前迈进一步，我认为：不是所有擅长写作的人都能成为领导者，但所有领导者一定都擅长写作。要想成为一名成功的领导者，沟通是最关键的要素。在各行各业中，高效、有说服力的写作及沟通能力是杰出的领导者在众人中脱颖而出的重要条件。

比如，在房地产行业，你必须能够清晰、简洁、高效地将客户的想法在合同中以文字的形式传达出来，容不得一丝含糊和歧义。否则，生意就会泡汤，客户也会离你而去。想在房地产行业取得一番成就，只做一个优秀的销售人员是远远不够的。你必须能够把口头内容转化成熟练巧妙的文字文书，这样才能将生意做成。

在当今节奏飞快的商务世界里，强大的阅读和写作能力对个人领导力的发展显得比以往任何时候都重要。再高深的技术悟性也无法代替建立在阅读和写作基础上的批判性思维能力。而且当前大环境中的各种"噪声"也使清晰准确的沟通和交流变得更为关键。以前我们随身携带的"图书馆"现在或许已经变成了平板电脑而非纸质书籍了。但无论怎样，那些杰出的商务领导者永远都在进行着大量广泛的阅读和娴熟精湛的写作。

**杰瑞·里斯**：里斯尼科尔斯公司名誉董事长。里斯尼科尔斯是堪萨斯城地区最大的房地产公司。

## 慎用 This

下面给大家介绍一个写作中简单快捷的小窍门，它能够让你的写作风格更加清晰生动。那就是：尽量避免在句中将 this（这，这个，这样）用作独立的主语。This

通常有以下两种用法：

做指示代词：*This is difficult.*（这很难。）

做形容词：*This project is difficult.*（这个项目很难。）

当用作代词时，this（这）所代表的是一个名词。在 This is difficult（这很难）这样的句子中，我们认为读者可以通过上下文明白 this 指代的意思。可是，当把代词 this 放到句子中去充当比较复杂的主语时，读者就没有那么容易理解了。看看下面的例子：

*We might improve the process by having the prep team notify AK when the first phase has been completed. This would allow AK to prepare to move the product to phase two. This could eliminate an entire step of the HD process.*（我们想要加快进程，可以让准备团队在第一阶段结束后就告知 AK。这样就能让 AK 准备好产品进入第二阶段。这样就能省去一整步的 HD 过程了。）

第二句和第三句话中，你能明白 this 指代的意思吗？很难。在这两个句子中，this 指代的内容太多太复杂了，导致行文无力、意思含混不清。我们来看看修改后的版本：

*We might improve the process by having the prep team notify AK when the first phase has been completed. AK could then prepare early to move the product to phase two. Setting up this kind of notification system could eliminate an entire step of the HD process.* （我们想要加快进程，可以让准备团队在第一阶段结束后就告知 AK。然后 AK 就可以尽早准备好产品进入第二阶段。建立这种告知体系就能省去一整步的 HD 过程了。）

经过修改，作者要表达的意思更加明确，读者也更容易理解了。让读者自己对原文的意思进行猜测不是不可以，但最好还是表达清楚而不是留给他们去猜测。

当你打算用 this 来指代比较复杂的意思时，先把你想要表达的意思全部清晰地写出来。如果写不出来，那可能意味着你是想通过 this 这个词掩盖你含混不清的思路，并使它成为你蒙混过关的"替罪羊"。认真地思考一下自己真正想要表达什么，这样才能正确地引导读者，并使你的写作思路更加清晰、观点更加明确。

## 使用中性人称表达

英语中第三人称的代词是分性别的，分别是 he（他）和 she（她）。以前，表示男性的代词 he（他主格）、him（他宾格）、his（他的）以及 himself（他自己）曾经被公认为可用作中性代词，在文中人物性别不得而知的情况下可指代任何人。

*Everyone should lock his office door at the end of the day.*（每个人在下班时都应该把自己办公室的门锁好。）

*The successful executive has confidence, and he can communicate effectively with everyone.*（成功的高管都很自信，他能与每个人进行有效的沟通。）

*A worker is only as good as his tools.*（一个工人要想干好活，他的工具必须要好。）

*Modern man no longer coddles himself during pregnancy. He continues to work often until days before he goes into labor and deliver.*（现代人在怀孕期间不再过分娇宠自己了。他们往往坚持工作到临产前最后几天。）

最后一个例句对代词的中立性提出了严重的挑战，对不对？今天，表示男性的代词已经不再被认为是中性的了，这就让那些专业写作者想统一表达不同性别的人时可以做出自己的选择。目前英语中还没有出现被大众广泛认可的中性代词，所以我们在写作中如果不想具体表明人物的性别可以有以下几种做法。

## 1. 使用 he or she（他或她）或者 she or he（她或他）

He or she（他或她）或者 she or he（她或他）的用法是可行的，尤其在句中代词使用次数不多的时候，效果更好。当一个句子中人称代词多次出现时,这种结构就会显得有些繁复而沉重。

正例:*Everyone should lock his or her office door at the end of the day.*(每个人在下班时都应该把自己办公室的门锁好。)

反例:*Everyone should lock his or her office door at the end of the day and ensure that he or she turns off the copier and printer.*(每个人在下班时都应该把自己办公室的门锁好,并确保自己关掉了复印机和打印机。)

### 2. 使用 s/he(她 / 他)和 his/her(他 / 她的)

这种写法很显然在文字编辑上显得比 she or he(她或他)更简洁有效,但它读起来却有些蹩脚:

*The successful executive has confidence, and s/he can communicate effectively with everyone.*(成功的高管都很自信,她 / 他能与每个人进行有效的沟通。)

### 3. 交替使用 he(他)和 she(她)

如果你的行文篇幅很长,而且其中需要大量的人称代词,这时你就可以交替使用 he(他)和 she(她),让两个词使用频率相当。这本书中人称代词的运用我就采取了这种方法。但是,如果你在文中一连串的句子里频繁交替使用 he(他)和 she(她),那么句子就会显得很混乱很奇怪了。

## 4. 将 they（他们）和 their（他们的）作为单数人称代词使用

很多人在写作时使用 they（他们）和 their（他们的）来指代单数的人称主语，该主语人称性别未知。

*Everyone should lock their office door at the end of the day.*（每个人在下班时都应该把自己办公室的门锁好。）

*Somebody got their handprints all over the bathroom mirror; they ought to go back and clean it off.*（有人在卫生间镜子上印满了手印儿，请务必回去将其擦掉。）

顽固派和传统主义者会强烈地指责这种结构不符合语法规范，因为 everyone（每个人）表示单数而 their（他们的）则是复数。他们说得对，而且你也要知道，有些读者是不会认可这种中性人称的表达方法的。可是在日常交流中，这种方法却被很多人持续使用。我们甚至可以追溯到公元十四世纪，那时候就出现了将 they 用作单数人称代词的例子，可直到十九世纪语法学家们才开始对此提出疑问和反对。对二十一世纪的我们来讲，用 they 指代单数人称可能在大多数场合下都是可行的。当然，在十分正式的写作中，最好还是选择其他方式吧。

### 5. 将句子转化为复数结构

将一个复数人称代词用作单数很可能会让一部分读者不舒服，那么可以考虑将整个句子都转化为复数结构。

*Successful executives have confidence, and they can communicate effectively with everyone.*（成功的高管们都很自信，他们能与每个人进行有效的沟通。）

*Workers are only as good as their tools.*（工人们要想干好活，他们的工具必须要好。）

### 6. 在句中规避第三人称代词的使用

有时候，最好的办法是将句子改写成不含第三人称代词的结构。这种方法很保险，不容易犯错。

*Please lock your office door at the end of the day.*（下班时请锁好办公室的门。）

*Whoever got handprints all over the mirror should go back and clean it up.*（谁在镜子上印满了手印儿，请回去擦掉。）

### 7. 保持前后一致

无论你采取哪种方法，一定要保持一致性；不要在行文过程中把各种方式换来换去。

反例：The new STEP app allows users to choose what action to take once he/she logs in.（新的"步骤"应用程序可以让用户在登录后选择该怎么做。）

正例：*The new STEP app allows users to choose what action to take once they log in.*（新的"步骤"应用程序可以让用户们在登录后选择他们该怎么做。）

*The new STEP app allows each user to choose what action to take once he/she logs in.*（新的"步骤"应用程序可以让每位用户在登录后选择自己该怎么做。）

# 致　谢

　　我的书今天能够面世，要感谢很多人无私的帮助。他们帮我审阅书中的章节、向我提出有益的建议、为我提供商务沟通的知识，以各种方式给予我支持。我要诚挚地感谢盖尔·J. 安德森、莉萨·柯里·奥斯汀、佩内洛普·贝姆、陈明哲教授、罗伯特·C. 多尔蒂、亚历克斯·伊根、艾伦·菲尔斯坦、凯瑟琳·M. 格利森、海迪·J. 霍尔德、珍·克鲁珀、格伦·莱博维茨、拜伦·劳埃德、卡琳娜·米库卡、赛义德·穆希丁、吉尔·尼姆奇克·墨菲、弗雷德·乌尔、艾莉森·帕多克、史蒂文·帕多克、雷克斯·B. 波萨达斯、史蒂文·施瓦茨、哈尔瓦·特罗达尔、马克·杰根斯。在这里，我要特别感谢斯蒂芬妮·沃尔斯，是她认真负责的态度、出色的办事能力以及幽默乐观的性格让我克服各种困难，一路走到了今天。

此书要特别献给我曾经的英文老师凯瑟琳·M. 罗斯女士。她在我七、八年级时教过我，从那以后成为我生命中非常重要的人。正是罗斯女士激发了我（也包括她的许多学生）的写作兴趣和热情，让成功的写作和优秀的文学成为我一生的挚爱。你在这本书中读到的很多关于写作的建议都是最初由凯瑟琳传授给我的。在此，我对这位良师益友表示深深的感激，是她为我后来大部分的职业生涯奠定了坚实的基础。

我还要特别感谢那些为这本书贡献自己文章的人。他们在不同的商务写作版块提供了各自的专业知识和写作技能。这些人来自不同的领域和行业，在这本书中分享了各自的见解和智慧，为本书充实了内容、增添了光彩。你可以在"书中文章贡献者"那部分认识他们、了解他们，并可以通过阅读全书领略到他们的深刻见地。

由衷感谢我的代理人、来自莱文·格林伯格公司的吉姆·莱文先生和我的编辑、来自诺顿出版社的吉尔·比亚洛斯基女士。感谢二位一路以来赋予我机会并给予我支持。

已故的亚瑟·科恩是我的挚友，他为我拍摄了本书英文版封面上的照片。

# 附录 I：商务写作问卷调查

　　本问卷调查开展的时间是二〇一六年四至八月份。首先在我的一群同事中进行了测试性调查，随后调查问卷被真正推广到我的客户和同事当中，继而又在脸书、推特以及领英平台上得到更大范围的推广。所有受访者在参与问卷调查的过程中都有机会赢得一本二〇一四年版的《完全写作指南》。最终五位参与者胜出并赢得此书。共有五百二十八人参与了此次问卷调查。

**调查问卷问题**

**1. 在你的工作中写作的重要性如何？**

　　按照 1 至 5 的重要性等级进行选择（其中 1 代表"根本不重要"，5 代表"十分重要"）。

　　　1　2　3　4　5

**2. 在工作中你最经常写的是哪类文书？（可多选）**

○ 电子邮件

○ 请求函

○ 提案

○ 正式信函

○ 报告

○ 幻灯片展示

○ 网页设计文案

○ 即时讯息

○ 短信

○ 其他

**3. 除了问题 2 中提到的，你在工作中是否还有其他类型的文书写作？**

_____

_____

**4. 你是否遭遇过写作瓶颈？**

○ 是　　　○ 否

**5. 你在商务写作中感觉最困难的是什么？**

○ 提高写作速度

○ 让写作内容更加简洁明了

○ 将自己的观点完全表达清楚

○ 语法和标点的正确使用

○ 让自己写出的东西更加引人入胜

○ 如何下笔

○ 写好引言和开篇

○ 其他

6. 现在回想一下你同事撰写的商务文书。你认为他们在写作中哪些方面需要帮助和指导？

_____

_____

7. 你是否读过写作类书籍来提高自己的商务写作水平？

○ 是　　　○ 否

8. 你觉得一本简明清晰的商务写作书会对你有帮助吗？

○ 会　　○ 不会　　○ 可能会

9. 对于一本简明清晰的商务写作书，你认为你的公司会有兴趣大量购买吗？

○ 会　　○ 不会　　○ 可能会

10. 关于商务写作，你还有哪些自己的想法？

_____

_____

# 附录 II：常见介词一览表

　　介词是语法中词性的一种，它通常被定义为"和名词、代词或名词词组结合，用以表示方向、地点、时间或者用来引导宾语的词或词组"。介词通常引导介词短语。（引自《韦氏新大学词典第九版》，马萨诸塞斯普林菲尔德出版社，一九八三年。）关于介词短语的具体内容，请参阅写作七步法则中的"第四步"。

aboard（在船、飞机、火车等上）　amid（在……之中）

about（关于）　among（在……当中）

above（在……上方）　anti（反……）

across（在……对面，横跨）　around（在……周围）

after（在……之后）　as（作为）

against（反对，对着）　at（在）

along（和……一道，沿着）　before（在……之前）

behind（在……后面）

below（在……下方）

beneath（在……之下）

beside（在……旁边）

besides（除……之外）

between（在两者之间）

beyond（超出，在……之外）

but（除了）

by（通过）

concerning（关于，涉及）

considering（考虑到，鉴于）

despite（尽管）

down（在下面，沿着）

during（在……期间）

except（除了）

excepting（除……之外）

excluding（排除，不包括）

following（在……之后，紧接着）

for（为了……）

from（从……）

in（在……里）

inside（在……里面）

into（到……里面）

like（像，如同）

minus（减去）

near（在……附近，接近）

of（……的）

off（离开，偏离）

on（在……上）

onto（到……上）

opposite（在……对面）

outside（在……外面）

over（在……上面，多于）

past（经过，晚于）

per（每，每一）

plus（加上）

regarding（关于，有关）

round（环绕，围绕）

save（除……之外）

since（自从）

than（比……）

through（穿过，透过）

to（到……，对……）

toward（向，朝着）

under（在……下面）

underneath（在……下面，底下）

unlike（不像，和……不同）

until（直到）

up（向上，沿着）

upon（在……之上）

versus（以……为对手）

via（通过）

with（和……一起）

within（在……之内）

without（没有，不带）

# 书中文章贡献者

安妮塔·坎贝尔：Small Business Trends (smallbiztrends.com) 公司创始人、首席执行官，公司相关线上出版物、社区及时事通讯的发行人。坎贝尔在业界是知名的专家，她的理论和见解经常在《华尔街日报》《纽约时报》以及各种媒体上被引用和发表。坎贝尔本人每天都要进行上千字的写作。

乔尔·科姆：《纽约时报》畅销作家，职业专题演讲人，社交媒体营销战略师，视频直播专家，技术专家，品牌影响力专家，未来主义者。二十多年来，科姆致力于通过网络、出版、社交媒体以及移动应用平台的力量来开展和拓宽有效的关系营销，具有丰富的行业经验，因此也成为十分受欢迎的公共演说家。他的演说带给无数观众情感的激励、精神的愉悦，并为他们提供了创建高效的新媒体宣传的战略性手段。他的个人网站是 joelcomm.com。

**罗伯特·C. 多尔蒂**：福布斯工商学院执行院长。其主要研究领域包括领导力、经济学以及投资决策。多尔蒂为多家私募公司、风险投资公司、公司业务发展集团提供战略、管理、创新方面的咨询。他曾经在数个致力于快速成长的知识型行业的基金会担任主席、合伙人以及顾问。先前，多尔蒂还曾担任杰克·韦尔奇管理研究机构的首席执行官。他分别在哈佛大学、哥伦比亚大学和剑桥大学取得多个学位。

**雷切尔·克里斯马斯·德里克**：自由撰稿人，获奖作家。已出版六本著作，曾参与编写一些书目，并先后在医疗健康、社会司法、旅游等领域发表二百多篇文章。她的作品曾发表于《纽约时报》《华盛顿邮报》《波士顿环球报》《洛杉矶时报》《迈阿密先驱报》《新闻周刊》《精华》《旅游休闲》《国家地理旅游者》《岛》以及其他一些报刊。

德里克目前担任"城市定居协助会"业务沟通和资金募集部主管。该机构是一家非营利性组织，致力于为纽约市的中低收入人群提供更好更便宜的自营性合作公寓。她先前担任过的职位包括：洛克菲勒基金会资深作家、哥伦比亚大学学校发展和校友关系交流中心副主任。

**安妮塔·古普塔：** 德国邮政敦豪集团全球媒体关系主管，企业沟通与责任事业部美洲地区负责人。德国邮政敦豪集团提供多种产品和服务，在二百二十个国家共拥有四十五万名员工。古普塔目前负责该公司业务的全球性定位。之前她曾担任公司的全球业务交流职务。在二〇〇七年加入德国邮政敦豪集团之前，古普塔分别在花旗集团总部和花旗集团纽约和孟买分公司的风险和交流部门担任高级职务。

**里奇·卡尔加德：** 福布斯传媒的出版人和未来学家，于福布斯供职二十六年。他写的书多是对技术、经济、商业及领导力方面话题的深刻探讨和评论，在业界颇受欢迎。

卡尔加德于二〇一四年出版的关于企业文化的书

《软优势：优秀公司持久成功的秘密》荣登当年各大网络平台的商务好书榜，包括《Inc. 杂志》、《时代周刊》网站、800-CEO-READ 以及《赫芬顿邮报》。二〇一五年与迈克尔·S. 马隆合著的书《如何创建天才团队》曾被微软公司首席执行官萨蒂亚·纳德拉大为赞誉。卡尔加德的另一本书《大器晚成》已于二〇一九年三月份由皇冠出版社出版。

卡尔加德于斯坦福大学取得政治科学学士学位。目前全家住在硅谷地区。

**里娃·莱森斯基**：GrowBiz Media 公司创始人之一兼总裁。该公司致力于为小型公司和初创企业进行内容创建的定制。莱森斯基还是博客 SmallBizDaily 的博主之一。作为全国知名的演说家、畅销书作家以及创业方面的权威人士，莱森斯基对美国的企业家们进行了三十多年的采访、研究和报道。此前，他曾长期担任《企业家》杂志的编辑主任。

**帕蒂·马伦凡特**：就职于华盛顿特区大都会区的某家财富五百强服务类公司，任人力资源高管。作为一位具有二十五年以上丰富经验的重要商业合伙人，帕蒂在战略领导力咨询、管理培训、人才引进、职业发展以及组织发展等方面具有非常专业的知识技能和眼光。她积极倡导开展领导力人才评估、业绩管理和多样化的工作，并乐于开展企业培训和团建活动，让更多的公司领导者掌握新型技能并改善工作环境。帕蒂在开发和指导新建团队成员方面的创造性方法为很多人奠定了工作稳定和职业成功的基础。

**巴里·莫尔茨**：企业专家顾问。十分擅长挖掘公司埋没已久的发展潜力，让很多企业起死回生并再现辉煌。通过几十年自身的企业经营经验以及与其他无数企业家的交流，巴里掌握了一系列战略性方法，能够让企业一步步发生改变并走向成功。他撰写了五本著作，其中包括著名的《如何走出困境：让企业起死回生的二十五个方法》（励志出版社，二〇一四年）。

**杰瑞·里斯**：从事房地产经纪工作四十六年，新近担任伯克希尔哈撒韦公司附属公司里斯尼科尔斯的名誉董事长。一九八七年，里斯购买了克罗赫兄弟房地产公司旗下的住宅房地产分部，并将其改名为 J.D. 里斯房产经纪公司。二〇〇一年，该公司被伯克希尔哈撒韦公司附属的美国住房服务公司收购。里斯-尼科尔斯公司成立于二〇〇二年一月，由 J.D. 里斯房产经纪公司和 J.C. 尼科尔斯住宅房地产公司合并而成。里斯一直担任该公司的首席执行官，直至二〇一三年七月份卸任。次年，里斯-尼科尔斯公司进一步改组，并将公司名中的-去掉，更名为"里斯尼科尔斯公司"。新的名字表示里斯尼科尔斯不再是两个公司的联合体，而是一个统一的独立品牌，象征着公司所有员工团结一致、齐心协力，努力打造房地产界的领军者。目前，里斯尼科尔斯公司已经成为堪萨斯城地区市场占有份额最大的房地产公司。二〇一七年，杰瑞·里斯被《Ingram 杂志》评为"堪萨斯城地区二百五十位最具影响力的商业领袖"之一。

里斯毕业于俄勒冈大学，取得金融学学士学位。他是一位越战老兵，曾服役于美国海军陆战队预备役，拥有陆军上校头衔。

**多米尼克·舒尔曼**：舒尔曼零售集团总裁。该集团主要品牌包括：Papyrus、Marcel Schurman、Paper Destiny、Niquea.D、Carlton Cards 以及 Clintons。多米尼克在一九九二年父亲退休之后接任舒尔曼集团总裁，在此后二十多年间将 Papyrus 店由原来的三十七家增加

到二百多家，遍布北美各地。通过二〇〇九年对 Carlton
Cards 公司和 American Greetings 公司零售店的并购，舒
尔曼已经成为拥有三百多家店面的超级零售集团。长期
以来，多米尼克一直坚持先进的产品设计、过硬的产品
质量以及优质的客户服务理念。正是她的这种热情和执
着使得舒尔曼从一个小众产品零售商逐步成长为拥有众
多品牌的国际性大型零售集团，持续满足高端市场及价
值导向的高品质客户需求。

**史蒂夫·施特劳斯**：常被誉为"美国最杰出的小型
企业专家"。作为《今日美国》小型企业专栏资深作
家、畅销书作者，施特劳斯最近更新了他的通用指南
书籍《小型企业圣经》，内容更加全面的第三版全新出
炉。施特劳斯还是一名律师、作家、公共演说家。他
经常辗转于全世界各地，就小型企业战略和全球商
业趋势发表演说，并担任"世界企业家精神论坛"的
董事会成员。施特劳斯经常出现在美国广播公司、美
国有线电视新闻网、美国全国广播公司财经频道以及
《奥莱利实情》栏目等各大电视广播媒体。他的公司施
特劳斯集团为大众提供了最前沿的商业内容，上至财
富一百强公司，下到各种小型商会。施特劳斯还为自

主创业者创建了一家新型网站 TheSelfEmployed.com。

**悉尼·施特劳斯**：西北太平洋地区作家。为了更好地了解二十一世纪的现代人类社会状态，施特劳斯对语言研究抱有浓厚的兴趣和热情。她毕业于西雅图大学，取得了学士学位，今后打算继续进行深造。

**罗赞·J. 托马斯**：马萨诸塞州波士顿 Protocol Advisors 公司创始人兼董事长。著有《现代商务礼仪生存指南》（爱默康出版社，二〇一七年）。

托马斯是一名具有专业资格认证的礼仪顾问。她认为，每个人都应该有自己的"专业风范"，而加强这种形象和风范最终能够让人大受裨益。托马斯在全国各地开设培训课程，帮助无数人提升自信、成功达成人生目标。

作为业界公认的专家，托马斯频繁出现在电视、广播及出版物等媒体上。《波士顿环球报》发表专题文章《华尔街礼仪小姐》对她进行报道。WCVB 电视《纪事》栏目以及 WHDH、WBZ、福克斯等电视台也经常邀请她制作节目。此外，托马斯还为哥伦比亚广播公司《今晨》栏目、音乐电视台及全国公共广播电台做过专访。

《华尔街日报》《新闻周刊》及《企业家》杂志刊登过关于她的专题报道。托马斯还在国际知名奢侈品零售商蒂芙尼公司工作过七年。

**图书在版编目（CIP）数据**

职场写作全书 / (美) 劳拉·布朗著 ; 张丽丽译
. -- 北京 : 九州出版社, 2022.9
　　ISBN 978-7-5225-0994-5

　　Ⅰ . ①职… Ⅱ . ①劳… ②张… Ⅲ . ①公文－写作
Ⅳ . ①C931.46

中国版本图书馆CIP数据核字(2022)第120924号

著作权合同登记号：01-2022-4833

**职场写作全书**

| | |
|---|---|
| 作　　者 | 〔美〕劳拉·布朗　著　张丽丽　译 |
| 责任编辑 | 李　品　周　春 |
| 封面设计 | 柒拾叁号 |
| 出版发行 | 九州出版社 |
| 地　　址 | 北京市西城区阜外大街甲35号（100037） |
| 发行电话 | （010）68992190/3/5/6 |
| 网　　址 | www.jiuzhoupress.com |
| 电子信箱 | jiuzhou@jiuzhoupress.com |
| 印　　刷 | 天津中印联印务有限公司 |
| 开　　本 | 880毫米×1092毫米　　32开 |
| 印　　张 | 10 |
| 字　　数 | 161千字 |
| 版　　次 | 2022年9月第1版 |
| 印　　次 | 2022年9月第1次印刷 |
| 书　　号 | ISBN 978-7-5225-0994-5 |
| 定　　价 | 58.00元 |